9.80

Mathieu Eggler

Alt und jung – überbrückbare Spannungsfelder

Einander vorangehen — entgegengehen — beistehen

Verlag der
Liebenzeller Mission
Bad Liebenzell

Unseren drei Töchtern
Lucie, Mélanie und Valérie
gewidmet

am Hochzeitstag
von Lucie und Bernhard
(11. Mai 1985)

Eure Eltern

ISBN 3-88002-274-7

© Copyright 1985 by Verlag der Liebenzeller Mission,
Bad Liebenzell
Umschlagzeichnung: Urs Argenton
Satz: Knipp, EDV-gesteuerter Lichtsatz, Wetter 2
Herstellung: Ebner Ulm
Printed in W.-Germany

Inhalt

Vorwort

K e i n e s — da wir in der Jugendzeit und als junge Erwachsene beim einander Vorangehen, Entgegengehen
und Beistehen nur die Energie, den guten Willen und
etwas Wissen, aber noch nicht die Erfahrungen, Freuden, Enttäuschungen und Lebensweisheiten haben, wie
es dann 25 Jahre später der Fall ist.

Deshalb hat dieses Taschenbuch statt eines Vorworts
ein Nachwort.

Der Verfasser

I. Liebeserweise: Blicke, Streicheleinheiten und Zeit gönnen!

Lukas 15,11-24: Der verlorene Sohn

11. *Und er sprach: Ein Mensch hatte zwei Söhne.*

12. *Und der jüngere unter ihnen sprach zu dem Vater: Gib mir, Vater, das Teil der Güter, das mir gehört. Und er teilte ihnen das Gut.*

13. *Und nicht lange danach sammelte der jüngere Sohn alles zusammen und zog ferne über Land; und daselbst brachte er sein Gut um mit Prassen.*

14. *Als er nun all das Seine verzehrt hatte, ward eine große Teuerung durch dasselbe ganze Land, und er fing an zu darben*

15. *und ging hin und hängte sich an einen Bürger desselben Landes; der schickte ihn auf seinen Acker, die Säue zu hüten.*

16. *Und er begehrte, seinen Bauch zu füllen mit Trebern, die die Säue aßen; und niemand gab sie ihm.*

17. *Da schlug er in sich und sprach: Wieviel Tagelöhner hat mein Vater, die Brot die Fülle haben, und ich verderbe im Hunger!*

18. *Ich will mich aufmachen und zu meinem Vater gehen und zu ihm sagen: Vater, ich habe gesündigt gegen den Himmel und vor dir.*

19. *Ich bin hinfort nicht mehr wert, daß ich dein Sohn heiße; mache mich zu einem deiner Tagelöhner!*
20. *Und er machte sich auf und kam zu seinem Vater. Da er aber noch ferne von dannen war, sah ihn sein Vater, und es jammerte ihn, lief und fiel ihm um seinen Hals und küßte ihn.*
21. *Der Sohn aber sprach zu ihm: Vater, ich habe gesündigt gegen den Himmel und vor dir; ich bin hinfort nicht mehr wert, daß ich dein Sohn heiße.*
22. *Aber der Vater sprach zu seinen Knechten: Bringt schnell das beste Kleid hervor und tut es ihm an und gebet ihm einen Fingerreif an seine Hand und Schuhe an seine Füße*
23. *und bringt das Kalb, das wir gemästet haben, und schlachtet's; lasset uns essen und fröhlich sein!*
24. *Denn dieser mein Sohn war tot und ist wieder lebendig geworden; er war verloren und ist gefunden worden. Und sie fingen an, fröhlich zu sein.*

Dieser biblische Text schildert die Geschichte vom verlorenen Sohn, der auf alle Fälle im Jugendlichenalter, also kein Kind mehr ist.

Dieser jüngere Sohn hat »*all das Seine verzehrt*«. Er hat vorerst einmal sein *finanzielles Gut* aufgebraucht. Dann hat er seine *Freunde* verloren. Das *Zuhause* hat er ja schon früher aufgegeben. Und nun ist wegen einer Teuerung auch das *Essen* kärglich geworden. Er sagt es selber: »Ich verderbe im Hunger!«

Es ist wichtig, zu sehen, daß der Junge, als er von zu Hause wegging, vom Vater »sein Teil der Güter, das ihm

gehörte«, mitbekam. Da kann vordergründig zweifelsohne an das materielle Gut gedacht werden. Er konnte
davon eine Zeitlang recht gut leben. Dann aber ist nicht
zu vergessen, daß er auch noch *ganz andere Werte* mit-
nahm:

- Der Vater hat ihm bei seinem Weglaufen das
  Sohnesrecht nicht abgesprochen! Der Jüngling
  kam nämlich später selber auf die Idee: Ich bin
  nicht mehr wert, Sohn meines Vaters zu sein.

- Der Vater ließ ihn gehen, ohne daß er ihm eine
  lange Vorwurfsrede hielt. Gerade das ließ *die
  Heimkehrtür* offen.

Diese unausgesprochenen Liebesbezeugungen des Vaters sind dann auch der Grund, weshalb der in der
Fremde gescheiterte junge Mann wieder heimkommen
konnte. Er wagte sogar zu sagen: Ich will wieder zu
»*meinem Vater*« gehen!

Obwohl der jüngere Sohn ausriß, nahm er einen Not-
vorrat an Liebeserweisungen des Vaters mit sich. Und
diese Güter überdauerten die materiellen. In seinem
Herzen war eine eiserne Reserve. Er wußte: Zu Hause
ist die Tür offen, und der Vater ist noch mein Vater. Und
das Verlangen, in diesen Vorrechten wieder einmal zu leben, wachte in ihm auf.

Ein Kind hat das Bedürfnis, das Verlangen nach Liebesbezeugungen. Wenn kein Nachfüllen geschieht, dann
kommt das Kind in eine Krise. Grundsätzlich sind es die
Eltern, die dem Kind diese Liebesbedürfnisse des Ge-
mütes immer wieder auffüllen sollen.

Der verlorene Sohn wurde in der Fremde wie eine
ausgediente Batterie. In ihm war keine Lebensenergie
mehr. »Das Seine« war verzehrt. Seine Gemüts-Batterie
mußte wieder aufgeladen werden.

Nun können sich Eltern einem ausreißenden Kind gegenüber leider so benehmen, daß dieses zu Hause keine offene Tür mehr sieht und glaubt, die Eltern hätten es als Kind verstoßen. In so einem Fall wird das Kind in Gefahr stehen, seine ausgebrannte Batterie am falschen Ort nachladen zu lassen.

Der verlorene Sohn dagegen wußte um die offene Tür zu Hause. »Und er machte sich auf und kam zu seinem Vater!«

Wie ist nun der Vater seinem Sohn begegnet?

Er wußte: Der junge Mann hat nicht nur Brot nötig, sondern auch eine dringende Aufladung der emotionellen Bedürfnisse. Wir wollen uns nun das Wiedersehen näher anschauen. Wir finden *drei Punkte,* die in unserem Verhältnis zum Jugendlichen und Kind äußerst wichtig sind:

1. Blicke gönnen

»Da er noch ferne von dannen war, *sah ihn sein Vater!*« Dazu brauchte der Vater *die Augen.* Bevor jemand ein Wort sprach, begegneten sich die Augen des Vaters und des Sohnes. Und bei dieser Begegnung der zwei Augenpaare war eigentlich schon alles gesagt. Der verlorene Sohn wußte: Ich darf zu Hause bleiben. Die gütigen und vergebenden Augen des Vaters sahen voll Liebe in die nach Liebe hungernden Augen des Sohnes. Bereits bei diesem Augenkontakt begann sich die leere Emotional-Batterie des verlorenen Sohnes wieder aufzuladen.

Als ich meine Frau kennenlernte, haben die zukünftigen Schwiegereltern einen Wunsch ausgesprochen: Wir sollten noch mehrere Monate mit einer engeren Bindung aneinander warten! Aus jener Zeit kann ich sagen, daß ich weiß, was Augenkontakt bedeutet. Wir gehörten beide zur gleichen Gemeinde und sangen im gleichen Chor. Zudem wohnte meine Auserwählte im Gemeindehaus. Jeweils nach Schluß eines Gottesdienstes oder einer Singübung eilte sie rasch aus dem Saal, stieg die erste Treppe hoch und schaute dann von dort zur Tür hinunter, durch die ich jetzt herauskam. Immer war es dann das gleiche Bild. Sie schaute hinunter und ich hinauf. *Unsere Augen hatten Kontakt.* Dabei konnte unsere sich leerende Emotionalbedürfnis-Batterie ein bißchen aufgeladen werden. Das waren für unsere Liebe lebenswichtige Momente.

Haben wir uns schon Gedanken gemacht, was Augenkontakt einem Kind bedeutet?

Schon mit etwa 14 Tagen beginnt das aufgeweckte Neugeborene in seiner unmittelbaren Nähe Gegenstände mit den Augen wahrzunehmen. Immer wieder wartet es darauf, daß seine Mutter nach ihm schaut. Für das Kleinkind werden diese Begegnungen zum fesselnden Erlebnis. Wenn das Gesicht der Mutter sich liebevoll zu dem Kindlein neigt, dann wird da eine faszinierende Augengemeinschaft aufgebaut. Und tatsächlich, bereits nach nicht ganz zwei Monaten kann festgestellt werden, daß das Kindlein seinerseits seine Blicke herumwandern läßt. Es sucht vor allem die Augen seiner Mutter. Das Kind braucht für das seelische Gleichgewicht diesen Blickkontakt. Dabei werden seine Gemütsbedürfnisse genährt.

Wenn ein Kleinkind nur kontrollierenden oder gar abweisenden Blicken begegnet, dann wird dadurch seine Persönlichkeit in eine falsche Richtung geprägt. Es wird später einmal Mühe haben, die Welt anders anzusehen, als es angeschaut wurde.

Wir können den Augenkontakt richtig oder falsch anwenden. Wer nur kontrollierend und befehlend auf seine Kinder hinunterschaut, der hat völlig übersehen, daß wir mit unseren Augen Liebe und Wohlbefinden ins Kind hineinsehen können und müssen.

Wie schauen wir unseren Teenagern in die Augen: leidend — vorwurfsvoll — ablehnend — hassend? Das darf nicht sein. Unser großes Kind muß etwas von Wärme und Geborgenheit in unseren Blicken wahrnehmen können.

Im weiteren sind wir Vorbilder. So wie wir die Kinder anschauen, werden sie einmal die andern Menschen anschauen. Wie soll ein Kind später Freundschaften und enge Beziehungen aufbauen, wenn es nicht gelernt hat, den Blickkontakt richtig zu gebrauchen! Die Kinder nur dann anschauen, wenn man ärgerlich ist, wird ihre Entwicklung hemmen. Ein abgelehntes Kind wird nur strafend, vorwurfsvoll oder überhaupt nicht angeschaut. Solche Kinder werden Entwicklungsstörungen haben.

Ein Kind, das nicht geliebt wird, dem die Liebe nicht »in die Augen hineingesehen« wird, hat eine entladene Emotional-Batterie. Es wird Schwierigkeiten haben, andere Menschen anzusehen. Es wird sich zu einer ängstlichen, gehemmten und unreifen Person entwickeln.

Die Bibel schildert uns, daß in einem Liebesverhältnis der Blickkontakt einen wichtigen Stellenwert hat.

Der Bräutigam in Hoheslied 4,9 sagt:

>»Du hast mir das Herz genommen, meine Schwester, liebe Braut, du hast mir das Herz genommen *mit einem einzigen Blick deiner Augen!*«

Das heißt, durch Blickkontakt wird Liebe vermittelt. Andererseits sagt die Braut in Hoheslied 8,10:

»Ich bin geworden in seinen Augen wie eine, die Frieden findet!«

Das heißt, *liebender Blickkontakt gibt inneren Frieden.*

Jesus zeigt uns bei der Bekehrung des Zachäus, wie wichtig der Augenkontakt ist (Luk 19,1-10). Zachäus, ein Oberster der Zöllner, war ein Betrüger. Das machte ihm zu schaffen.

3. »Und er begehrte, Jesus zu sehen, wer er wäre, und konnte nicht vor dem Volk; denn er war klein von Person.

4. Und er lief voraus und stieg auf einen Maulbeerbaum, auf daß er ihn sähe; denn allda sollte er durchkommen.

5. Und als Jesus kam an die Stätte, sah er auf und sprach zu ihm: Zachäus, steig eilend hernieder; denn ich muß heute in deinem Hause einkehren.«

War das ein gesegneter Moment, als sich die Blicke des Heilandes mit denen des suchenden Zachäus trafen! In jenem Augenblick begriff Zachäus, wer Jesus war. Worte waren kaum mehr nötig.

Ein weiteres Beispiel aus dem Leben Jesu ist sein helfender Blick, als Petrus ihn verraten hatte (Luk 22,54-62).

59. »Und über eine Weile, wohl nach einer Stunde, bekräftigte es ein anderer und sprach: Wahrlich, dieser war auch mit ihm; denn er ist ein Galiläer.

60. Petrus aber sprach: Mensch, ich weiß nicht, was du sagst. Und alsbald, da er noch redete, krähte der Hahn.

61. Und der Herr wandte sich und sah Petrus an. Und Petrus gedachte an des Herrn Wort, wie er zu ihm gesagt hatte: Ehe der Hahn heute

kräht, wirst du mich dreimal verleugnen. Und Petrus ging hinaus und weinte bitterlich.«

Was wäre wohl mit Petrus geschehen, wenn sich nach dem Hahnenschrei die zwei Augenpaare nicht getroffen hätten? Die letzte Antwort kann da nicht gegeben werden; aber eines steht fest: Nach der Verleugnung hat der liebende Meister auf diese Art die Verbindung mit Petrus wieder aufgenommen.

Und nun die Frage: *Wie macht es Gott eigentlich mit uns?* Er sagt:

»Ich will dich mit meinen Augen leiten« (Psalm 32,8)!

Gott sieht den Seinen gnädig in die Augen. Wir spüren das und erkennen so seine Liebe. Das befähigt uns, daß wir uns heilen lassen. Deshalb wollen wir unsere Augen aufheben zum Herrn, von dem uns Hilfe kommt (Psalm 121,1).

Wir wollen als Erzieher daran denken, daß wohlwollende Blickkontakte das emotionale Bedürfnis des Kindes stillen helfen.

2. Streicheleinheiten gönnen

Nachdem der Vater liebende Ausschau nach seinem Sohn gehalten hatte, kam es zum Freudenempfang durch Augenkontakt. Nachher ging er noch einen Schritt weiter:

»Er lief und *fiel ihm um seinen Hals und küßte ihn!*«

Jetzt hat der Vater seine Arme um den Hals des heimkehrenden Sohnes geschlungen. Er hat nicht nur Augenkontakt, sondern auch noch *körperlichen Kontakt* mit ihm.

Der verlorene Sohn hat all das Seine verzehrt. Er ist ausgelaugt und ausgepumpt. Er braucht wieder einmal das Gefühl: »Ich bin geborgen«, »ich bin angenommen«, »ich bin zu Hause«! Seine leere Gemüts-Batterie muß aufgeladen werden.

Wenn heute ein Kind geboren wird, so legt man es in vielen Kliniken wieder so schnell wie möglich zur Mutter zurück. Meistens beruhigt es sich dort im körperlichen Kontakt recht schnell. Es fühlt sich geborgen.

In Indien gibt es eine Gegend, wo es den Babys besonders gut geht. Dort beobachtete der Frauenarzt Frédérick Leboyer die traditionelle Baby-Massage. Er sagt dazu: »Ein Kind mit Berührung zu füttern, seine Haut und seinen Rücken zu nähren, ist ebenso wichtig, wie seinen Magen zu füllen.« Ursprünglich stammt dieses Massieren aus dem Staat Kerala in Südindien. Viele Mütter widmen ihrem Kind dafür eine halbe Stunde pro Tag, bis es sich selbst auf den Bauch drehen kann.

Körperkontakt aber tut nicht nur Kleinkindern gut. Mittlerweile hat man herausgefunden, daß ein schlecht einschlafender Ehepartner schneller den Schlaf findet, wenn ihm der andere Ehegatte die Hand gibt oder sonstwie Körperkontakt schenkt.

Als 20jähriger lag ich mit einer undefinierbaren Krankheit im Spital. Vor der halb geschlossenen Tür sagte ein Arzt zum anderen: »Soeben ist im Nachbarspital einer an dieser Sache gestorben.« Sie kamen aber wegen der späten Zeit miteinander überein, nichts zu unternehmen. Mit harmloser Miene kamen sie ins Untersuchungszimmer zurück und eröffneten mir, daß alles halb so schlimm sei und ich jetzt ins Bett zur Nachtruhe geführt werde. Meine Gefühle waren nicht gerade in Hochstimmung. Einer der zwei Ärzte hat mich dann spät in der Nacht vor seinem Nachhausegehen noch einmal aufgesucht. Das hat mir das verlorene Vertrauen wieder ein bißchen gestärkt.

Am zweiten Tag besuchten mich die Eltern. Sie hatten einen weiten Weg zurückzulegen. Als die Mutter neben mir stand, legte sie ihre furchige Hand auf die meine. Das hat mir besser getan als viele Worte. Irgendwie war ich getröstet. Ihre Arznei war mir weit bekömmlicher als das Vorgehen der Ärzte.

Leider gibt es Eltern, die die Kinder nur dann berühren, wenn es absolut notwendig ist, nämlich beim An- und Ausziehen oder beim Gutenachtkuß. Dabei wäre es so einfach, dem Kind einmal die Hand auf die Schulter zu legen, ihm durchs Haar zu fahren mit den Fingern oder ihm einen Freundschaftspuff zu geben. Ein Kind fühlt sich geborgen, wenn es körperlichen Kontakt hat. Ein solcher Kontakt von seiten seiner Eltern ist ein Zärtlichkeits- oder Liebeserweis, den das Kind braucht, um seine emotionalen Bedürfnisse nachzufüllen. Je älter das Kind wird, desto mehr verändert sich auch die Art des körperlichen Kontaktes. Mit der Zeit gehören vielleicht Ringen, Schwingen, Rempeln und Schlagabtausch dazu. Gerade Knaben brauchen allmählich eher diese Art von körperlichem Kontakt. Aber auch bei ihnen gibt es noch Momente, wo sie eine zärtliche Hand auf der ihrigen nötig haben. Und diese Kontakte bleiben dem Kind irgendwo in Erinnerung. Sie werden ihm später in den Krisenjahren der Pubertät eine Hilfe sein.

Gerade der Vater darf sich von seinen Töchtern, die in die Pubertät kommen, nicht *abwenden*. Er hat sie von klein auf in die Arme und auf die Knie genommen, und gerade jetzt, zwischen 11 und 13 Jahren, hilft es seinen Mädchen, wenn seine Vaterarme offen bleiben. Ich bedauere jeden Vater, der seine pubertierenden Töchter nicht mehr an sein Herz drückt. Sie zu umarmen, darf ihn mit Freude erfüllen, und er hilft damit seinem Kind, den Gefühlshunger zu stillen.

Bevor wir die Kinder zur Disziplin anleiten können, müssen wir ihnen unsere bedingungslose Liebe zeigen. Bevor wir ihnen unser Beispiel in dieser und jener Lebenslage einprägen und vorleben wollen, muß das Kind Liebe erleben.

Das Kind braucht Augen- und Körperkontakt. Es kann durch diese Liebeskontakte die sich immer wieder abbauende Gefühls-Batterie neu aufladen. Wenn das nicht geschieht, so wird das Verhalten des Kindes unberechen- und unvorhersehbar sein. Geben wir doch unseren Kindern die nötigen Streicheleinheiten!

Nebst dem Gleichnis vom verlorenen Sohn gibt es in der Bibel viele Hinweise auf diese Kontaktart. Sie lehrt uns auch, herauszufinden, wo sie schicklich ist und wo nicht. Die Braut im Hohenlied (Kap. 2,6) freut sich und bezeugt:

>>Seine Linke liegt unter meinem Haupte,
und seine Rechte herzt mich!<<

Bei Jesus begegnen wir einige Male typischen Gelegenheiten, wo er Kinder und Erwachsene helfend anrührt. Einmal brachte man Kinder zu ihm. Was machte er?

>>Er legte die Hände auf sie<< (Matth 19,15).

Ein weiteres Beispiel finden wir in Johannes 13,23:

>>Es war aber einer unter seinen Jüngern, welchen Jesus lieb hatte, der lag bei Tische an der Brust Jesu.<<

Das >>Liegen<< war damals eine übliche >>Tischordnung<<. Es war das letzte Zusammensein des Herrn mit seinen Jüngern, bevor er gekreuzigt wurde. Da durfte Johannes ganz nahe bei Jesus sein.

Im weiteren sehen wir in Matthäus 20,29-34, wie Jesus Blinde anrührte und heilte. Und in Matthäus 8,14.15

nimmt er die kranke Schwiegermutter des Petrus bei der Hand und heilt sie.

Ein Kind Gottes weiß, daß es von des Herrn Hand liebkost, beschützt, geführt und gehalten wird. Psalm 139,9.10 drückt das so aus:

> »Nähme ich Flügel der Morgenröte und bliebe am äußersten Meer, so würde auch dort deine Hand mich führen und deine Rechte mich halten.«

3. Zeit gönnen

Dies ist ein weiterer Liebesbeweis. Das Kind hat hier ein ganz großes Bedürfnis. In den meisten Fällen ist dieses Bedürfnis noch größer und wichtiger als Augen- und Körperkontakt.

Wie war das beim verlorenen Sohn? *Der Vater nahm sich Zeit:*

- nach ihm Ausschau zu halten (Luk 15,20);
- ihm entgegen zu gehen (Vers 20);
- ihn anzuhören, bevor er selber etwas sagte (Vers 21);
- für das Heimkehr-Fest schon vorher ein Kalb zu mästen (Vers 23) und
- ein Fest aufzubauen: »*sie fingen an,* fröhlich zu sein« — vom Abschluß steht nichts.

Dieser Vater soll uns ein Vorbild sein. Wir wollen dem Kind Zeit gönnen. Das kann auf verschiedene Arten geschehen. Z.B., indem wir auf die Art und Denkweise des Kindes eingehen; versuchen, es zu verstehen; mit ihm Erlebnisse machen, die seinem Alter und Verständnis entsprechen; mit ihm spielen oder Geschichten erzählen. Das alles braucht Zeit.

Heutzutage geben wir den Kindern Geschenke aller Art. Aber sie sind nie ein Ersatz für einen *ungeteilten Einsatz von Zeit.* Das Kind braucht unsere Aufmerksamkeit.

Es ist nicht immer ganz einfach, die Prioritäten richtig zu setzen. Nehmen wir einmal an, ein Kind sei am Weinen und gleichzeitig läute das Telefon. Fast ist es uns schon in Fleisch und Blut übergegangen, zuerst das Telefon zu bedienen. Vergessen wir nicht, daß bei Gott das Kind ernst genommen wird:

Psalm 127,3 sagt, daß Kinder eine Gabe des Herrn sind!

Laut 1. Mose 33,5 werden sie von Gott beschert! In einer christlichen Familienbeziehung gelten folgende Prioritäten:

a) *Gott steht an erster Stelle,*
   und von dieser Beziehung her wird jede andere Beziehung aufgebaut;

b) nachher kommt die *Beziehung der Eheleute* zueinander, und

c) an dritter Stelle erscheint die *Beziehung zum Kind!*

Diese Rangordnung hilft uns, zu sehen, daß wir dem Kind Zeit gönnen sollen, d.h. konzentrierte Aufmerksamkeit.

Einmal versprach ich in den Ferien unseren drei Töchtern, jeder ein Schatzkästchen aus Sperrholz machen zu helfen. Da kam der sonnige, zweitletzte Tag. Ich wollte wieder wandern gehen. Da lagen mir die Mädchen in den Ohren und sagten: »Papi, du hast versprochen, uns ein Schatzkästchen zu zimmern.« Zum Glück ließ ich mich umstimmen. Jetzt ging es los. Wir zeichneten Pläne, gingen Holz einkaufen, sägten, hämmerten und leimten. Es wurde ihr schönstes Ferienerlebnis.

Noch nach 10 Jahren standen diese Schatzkästchen bei meinen Teenagern in ihren Zimmern auf einem Ehrenplatz. Ist das eine Erinnerung! Der Vater hatte Zeit für sie.

Man kann leider ein Kind ehrlich lieb haben, ohne es ihm aber auf die richtige Weise zeigen zu können. Für das Kind ist nicht das neue Möbelstück so entscheidend, das nun in sein Zimmer kommt, noch ein teures Essen mit ihm im Restaurant. Nein, es braucht Liebesbezeugungen, die es versteht, die auf seine Bedürfnisse zugeschnitten sind.

Jesus nahm sich Zeit für die Kinder, obwohl die Jünger meinten, diese paßten jetzt nicht ins Programm. Sie fuhren die an, die sie brachten.

»Aber Jesus sprach: *Lasset die Kinder und wehret ihnen nicht, zu mir zu kommen*« (Matth 19,14a)!

Bei Jesus und in seiner Zeitplanung hatten die Kinder die Priorität.

Wie hat Jesus sich zudem Zeit genommen für seine Jünger! Weit über zwei Jahre nahm er sie mit auf alle seine Reisen. Tag und Nacht war er bei ihnen. Welch ein Vorbild!

Wenn Jesus sich für seine Nachfolger Zeit nimmt, gilt das gleiche auch beim himmlischen Vater. Seine Geduld können wir als unsere Seligkeit erachten (2. Petrus 3,15).

Das Zeithaben geschieht auch da, wo man dem weggehenden »verlorenen Sohn« Zeit gibt, zu sich selber zu kommen. Das ist in der Erziehung vielleicht eine der schwersten Lektionen. Es ist ferner zu beachten, daß nicht in erster Linie die Quantität der geschenkten Zeit zählt, sondern die Qualität und der rechte Zeitpunkt.

Zusammenfassend können wir feststellen, daß das Gleichnis vom verlorenen Sohn uns nicht nur hilft, Idealsituationen durchzuspielen, sondern uns praktische und durchführbare Fingerzeige gibt, wie Krisenbeziehungen durchzustehen sind. Unsere Kinder und Jugendlichen brauchen Liebeserweise. Diese können durch Blicke, Streicheleinheiten und Zeitschenken mitgeteilt werden.

Als Kind durfte ich dies alles durch meine Eltern wohltuend erfahren. Schon im Vorschulalter konnten wir Buben mit unserem Vater abwechselnd auf die Voralpen unseres Bergbauernbetriebes gehen. Damals wußte man noch, was Feierabend ist. Wie spannend war es doch, wenn wir jeweils abends mit dem Vater in eine Nachbarhütte zu Besuch gingen. Dort erzählten sich dann die erfahrenen Männer diese und jene alte Geschichte. Oft nahmen sie auch die Bibel zur Hand. Wir saßen da, schauten unersättlich in ihre gezeichneten Gesichter und wurden in ihren Austausch miteinbezogen. Wenn wir nachher durch die Nacht zurück zu unserer Hütte stapften, drückte uns der Vater die Hand, und wir waren glücklich. Er zeigte uns, wo die Füchse und Rehe zu Hause waren, und suchte mit uns wilde Beeren, anstatt uns mit Schleckereien zu füttern, die er sich sowieso nicht leisten konnte. Trotz strenger Arbeit hatte er Zeit, uns Erlebnisse zu bieten. — Auf der anderen Seite erlebten wir durch die Erziehung von Vater und Mutter, das Miteinander von mehreren Brüdern, das Miteingespanntsein in den Arbeitsprozeß und das recht einfache Leben einen gesunden Widerstand, der uns im Gleichgewicht mit dem elterlichen Verständnis erwachsen werden ließ. Ich möchte mit keinem anderen Menschen meine überaus schöne Kindheit tauschen. Freiheit und Strenge setzten meine einfachen Eltern so ein, als ob sie christliche Erziehung studiert hätten. Ich bin ihnen dafür dankbar.

II. Fräulein Tochter und Herr Sohn — überbrückbares Spannungsfeld Eltern — Teenager!

2. Könige 6,1-7: Die Überbrückung

1. Die Prophetenjünger sprachen zu Elisa: Siehe, der Raum, wo wir vor dir wohnen, ist uns zu eng.

2. Laß uns an den Jordan gehen, und jeder von uns soll dort einen Stamm holen, damit wir uns eine Stätte bauen, wo wir wohnen können. Er sprach: Geht hin!

3. Und einer sprach: Geh doch mit deinen Knechten! Er sprach: Ich will mitgehen.

4. Und er ging mit ihnen. Und als sie an den Jordan kamen, hieben sie Bäume um.

5. Und als einer einen Stamm fällte, fiel ihm das Eisen ins Wasser, und er schrie: O weh, mein Herr! Und dazu ist's noch entliehen!

6. Aber der Mann Gottes sprach: Wo ist's hingefallen? Und als er ihm die Stelle zeigte, schnitt er einen Stock ab und stieß dahin. Da schwamm das Eisen.

Und er sprach: Heb's auf! Da streckte er seine Hand aus und nahm es.

Laut Kap. 4,43 stand Elisa hundert Prophetenjüngern gegenüber. Diese redeten von einem zu engen Wohnraum. Was macht nun Elisa? Er gibt eine Antwort auf den Generationenkonflikt, indem er ihnen entgegengeht. *Er nimmt ihr Anliegen ernst, und schon steht er diesen Jüngern nicht mehr gegenüber, sondern auf der gleichen Ebene.*

Er weiß, daß er diesen jungen Leuten gar nicht so viel voraus hat. Sehr wahrscheinlich hatte er mehr Leiden und Tränen und Erfahrung aufzuweisen — aber das hinderte ihn nicht, sich nicht über sie, sondern zu ihnen zu setzen.

Der Erzieher muß dem jungen Menschen, die Eltern müssen dem Kind entgegengehen. Nur so ist eine Überbrückung des Spannungsfeldes möglich. Ähnlich sagt es auch Maleachi 3,23.24:

> »Siehe, ich will euch senden den Propheten Elia, ehe der große und schreckliche Tag des Herrn kommt.
> *Der soll das Herz der Väter bekehren zu den Söhnen* und das Herz der Söhne zu ihren Vätern, auf daß ich nicht komme und das Erdreich mit dem Bann schlage.«

1. Die Herausforderung

Es gibt auch heute noch spannende Abenteuer, die man erleben kann. Junge Leute unternahmen eine noch nie gemachte Weltreise, d.h. vom »Kap der guten Hoffnung«, ganz unten in Afrika, bis zur Südspitze Südamerikas, ins Feuerland. Sie legten diese aufregende Reise auf dem Landweg zurück. Andere versuchen es mit dem Anknacken von geschlossenen und hochgeheimen Computer-Anschlüssen. Vieles könnte man noch aufzählen: Unternehmen, die Kondition, Spannung, Überraschung und Geduld erfordern und versprechen.

Es gibt jedoch eine Aufgabe, die ganz anders gelagert ist, die aber an Dramatik kaum überboten werden kann. Es ist das Unterfangen, einen Jugendlichen liebend durch die Pubertät zu begleiten.

Pubertät bedeutet soviel wie Geschlechtsreife. Unter diesem Ausdruck versteht man die Periode zwischen der Kindheit und dem Erwachsensein.

Die Pubertät ist zudem eine Ablösungsphase. Das Kind will selbständig und unabhängig werden. Diese Prozedur ist für Kind und Eltern mit vielen Wehen verbunden. Das Kind ist zum Jugendlichen herangewachsen und ist jetzt auf dem Weg, eine erwachsene Person zu werden. In diesem Lebensabschnitt geschehen körperliche und seelische Veränderungen. Im körperlichen Bereich des Pubertierenden werden die reifenden weiblichen oder männlichen Merkmale und Formen klarer sichtbar. Aber auch auf der seelischen Ebene gibt es Umwälzungen. Durch den Einfluß von Hormonen entfalten sich im Gehirn neue Funktionssysteme. Es kann durchaus passieren, daß der junge Mensch eines schönen Morgens mit einem anders »geschalteten« Gehirn erwacht, als das am vorherigen Abend noch der Fall war.

Plötzlich sind bislang nicht dagewesene Gefühlsreaktionen und Erlebnismöglichkeiten vorhanden. Die Sexualhormone haben diese Umpolung bewirkt. Sie beeinflussen hinfort den Jugendlichen in seinem Empfinden der Gefühls- und Erlebniswelt. Nicht nur der Körper ist anders geworden, sondern auch das Fühlen, Denken und Verstehen. Ab sofort wird anders reagiert und anders gehandelt. Dadurch entstehen schwere Konflikte. Eigentlich wollen das weder die Eltern noch die Jugendlichen. Man versteht sich nicht mehr.

Der Jugendliche ist oft hin- und hergerissen. Einmal ist er zu Tode betrübt, das andere Mal ist er himmelhoch jauchzend. Einerseits ist er feige, andererseits hat er ein geschliffenes Mundwerk. Der Jugendliche ist gekennzeichnet durch eine seelische Labilität.

Der vorher synchrone Ablauf von Wille, Gemüt, Gefühl und Vernunft ist gestört. Der Entwicklungsstand der einzelnen Bereiche liegt auf verschiedenen Ebenen.

Körper und Seele sind aus dem Gleichgewicht geraten.

Zu diesem Tatbestand kommt hinzu, daß die ganze Welt auf diese jungen Leute einstürmt.

a) Man nimmt ihnen Gott weg

Gerade in diesen Jahren prallt in Schulen und Lehrstätten die Evolutionstheorie auf diese großen Kinder: Alles habe sich im Laufe langer Zeiten entwickelt, Gott sei da nicht nötig gewesen. Der junge Mensch ist also per Zufall da; nicht gewollt, nicht geplant, nicht geliebt. Eine gähnende Leere umgibt ihn.

b) Für Ersatzgötter ist gesorgt

Idole aus der oft okkulten Musikszene werden hochgespielt. Ihre Texte, Rhythmen und oft gottwidrige Aufmachung zielen darauf ab, den Jugendlichen seelisch zu vergewaltigen und aus bestehenden Ordnungen völlig zu entwurzeln.

c) Die sexuelle Freiheit

Der Druck zum sexuellen Erlebnis mit dem anderen Geschlecht ist sehr groß und wird ständig angeheizt. Wer nicht mitmacht, ist anormal. Wer aber voll mitzieht, der wird praktisch zur Eheunfähigkeit erzogen.

Es ist ein Wagnis, diesen großen Kindern in der Teenagerzeit beizustehen. *Sie lechzen im Grunde genommen nach Liebe.* Manchmal ist es zum Verzweifeln: echt gegebene Liebe wird mißverstanden, und geheucheltes Anschleichen wird prompt als Entgegenkommen angenommen. *Und doch — es gibt keinen andern Weg, als daß diesen Teenagern bedingungslose Liebe entgegengebracht wird.* Es kann sein, daß man in den Jahren der Pubertät oft das Gefühl hat, jegliche Liebe, die man gibt und lebt, werde gar nicht wahrgenommen und verpufft nutzlos.

Aber hier gilt das Wort aus 1. Korinther 13,8:

>*»Die Liebe höret nimmer auf.«*

Einen Teenager zu lieben kann unter Umständen ein etwa 7jähriges Unterfangen sein. Es ist eine Saat auf Hoffnung. Aber es lohnt sich. Es lohnt sich, ihn ohne Vorwurf *anzusehen;* es lohnt sich, ihm auch einmal *die Hand auf die Schulter zu legen;* es lohnt sich, *ihm Zeit zu schenken,* auch wenn es mir vielleicht gerade gar nicht paßt.

Zum Glück gibt es auch Teenager, die diese Umbruchjahre ohne große Schwierigkeiten hinter sich bringen. Nicht jedes Kind ist gleich geartet, nicht alle Eltern erziehen gleich, nicht immer wird dem Bösen gleich zugestimmt, und nicht immer ist der Umwelteinfluß gleich.

2. Die drei Phasen

Wir unterscheiden grundsätzlich drei Phasen in unserem Entwicklungs-, d.h. Reifeprozeß:

a) Das Kind

Das Kind lebt in der *Gegenwart.* Es möchte jeder Stunde etwas Interessantes abjagen. Die *Zukunft* ist Sache der Eltern. So kommt es, daß in der Kindheit die Eltern viele entscheidende Weichen stellen müssen. Es ist, gerade wegen dieser großen Verantwortung, leicht, Vater zu werden, bedeutend schwerer aber, Vater zu sein.

b) Der Jugendliche, der Teenager

Juristisch gesehen endet in Europa die Kindheit in den meisten Ländern mit dem 14. Lebensjahr. Im praktischen Alltag des einzelnen ist das ein bißchen anders.

Medizinisch und psychologisch gesehen, endet die Kindheit bei den allermeisten Mädchen und Buben früher, als das Gesetzbuch annimmt.

Die Kindheit hört nämlich mit Beginn der sogenannten Entwicklungszeit auf.

Es sind die Jahre, in denen der Jugendliche kein Kind mehr sein sollte und doch noch kein Erwachsener zu sein braucht.

Das Mädchen weiß, daß es schon Mutter, und der Bursche, daß er schon Vater werden könnte.

Die eigentliche Jugendzeit wird für den einzelnen mit diesem Reife-Merkmal eröffnet.

Jetzt heißt es überlegen, *wie* man erwachsen wird und *was* für ein Erwachsener man werden möchte. Es gilt also, *eigene* Zukunftspläne zu schmieden.

Die ganze Jugendzeit ist gegenüber früher etwas verschoben. Vor 85 Jahren waren Kinder vielfach mehr als 0,5 kg leichter bei der Geburt als heute. Zudem kommen die heutigen Kinder häufig etwa 3-5 cm länger zur Welt als ihre Urgroßeltern.

Außerdem liegt die »Geschlechtsreife«, besser gesagt, die »Zeugungsmöglichkeit«, heute früher als vor 85 Jahren. Unsere Lebensart, Ernährung und Betätigung bringen das mit sich. *Die Pubertät beim Mädchen setzt heute bereits mit 11-14 Jahren und beim Buben mit etwa 13-15 ein.* Eigentlich sind sie noch Kinder. Ein bis zwei Jahre Verfrühung oder Verzögerung ist durchaus normal.

Dagegen aber scheint es, daß der heutige Jugendliche seelisch und charakterlich um einiges später reift als der junge Mensch der Zeit um 1900.

So ist also heute der junge Mensch früher in der Pubertätsphase, was die Geschlechtlichkeit anbetrifft, bleibt aber seelisch / charakterlich noch ein Kind, und zwar länger als z.B. unsere Großeltern.

Das heißt, daß der heutige Jugendliche eine stark verlagerte Pubertät meistern muß.

c) Der Erwachsene

In den meisten europäischen Ländern wird der Jugendliche mit 18 Jahren *volljährig,* d.h. *mündig.* Der junge Erwachsene kann nun mit eigener Unterschrift rechtsgültig:

- einen Vertrag abschließen;
- eine Wohnung mieten;
- heiraten.

Jetzt ist er voll verantwortlich für sein Handeln, z.B. bei Delikten; und

- er bekommt das Stimmrecht.

Auch die Bibel unterscheidet diese drei Lebensabschnitte. Im ersten Johannesbrief redet der Apostel von *Kindern, Jünglingen* und *Vätern*.

3. Der Jugendliche

Allzuschnell betrachten viele Menschen den Teenager als jungen Erwachsenen. Wenn man aber aus der Schule kommt, ist man noch lange nicht ein erwachsener Mensch.

Auf der einen Seite haben die Jugendlichen Bedürfnisse, die den kindlichen ähneln. Andererseits wollen sie »groß« sein.

Nach dem Aufbrechen der Umbruchjahre geschieht Entscheidendes für das ganze Leben. Wenn einmal die Anfangsstürme der Pubertätszeit vorbei sind, werden lebenswichtige Weichen gestellt. Was sind nun die *Hauptaufgaben* für den Lebensabschnitt zwischen (14) 15 und (18) 19; also ungefähr in den zwei letzten Dritteln der Pubertät?

1. Sinn und *Ablauf der Pubertät* begreifen;

2. *selbständiger werden;*

3. eine befriedigende Lösung der *Berufsfrage* finden;

4. die eigenen *sexuellen Triebfedern, Kräfte und Probleme* eingehender kennen und verstehen lernen;

5. den *Charakter entwickeln,* um Mitmenschen und sich selber nicht zur Last zu werden;

6. zu einer eigenen *Meinung* kommen;

7. allmählich wachsende *Freiheiten* recht brauchen;

8. positive *Beziehungen zum andern Geschlecht* aufnehmen;

9. sich eine eigene *weltanschauliche* Haltung erarbeiten und

10. sich klar werden über den eigenen *Glaubensweg*.

4. Wie wird dieses Spannungsfeld überbrückbar?

a) Vorbereitung

Unabhängigkeit zu erlangen erfordert nicht nur körperliche, sondern auch seelische Energie. Reif zu werden verlangt viel Kraft. Eine Frucht, die reifen soll, braucht die Sonne nicht nur in der Endphase der Fruchtbildung, sondern ebenso in der Blütezeit. Wenn ein Kind in der Pubertät nicht untergehen soll, dann muß es bereits in der Kindheit Liebesenergie erhalten. Das Kind muß das nicht in erster Linie durch Worte erfahren, auch nicht durch Geschenke. Für das Kind ist es wichtig, daß es sich *wohl* fühlt. Und es fühlt sich angenommen, wenn wir ihm liebende Blicke, herzlichen Körperkontakt und genügend Zeit gönnen. Wenn das Gemüt, das Herz, diese Liebe auftanken kann in der Kindheit, dann wird es in der Pubertät von diesen Erinnerungs-Reserven zehren können.

In der Vorbereitungs-Phase ist es zudem äußerst wichtig, daß das Kind klare Grundlagen im Glauben vorgelebt bekommt und selber Glaubenserlebnisse aufzuweisen hat.

b) Eine gute Ehe

In einer Familie ist nicht die Eltern-Kind-Beziehung das wichtigste, sondern das Verhältnis der Ehepartner untereinander. Die Geborgenheit des Kindes und nun des Teenagers hängt sehr stark von einer harmonischen Ehebeziehung ab. Wenn wir unsere Ehen pflegen, dann bedeutet das auch, daß wir dem Teenager Hilfe geben können.

In unserem Denken, Handeln und Leben muß es klar sein, daß unser Ehebund auf Lebzeiten geschlossen wurde. Wir geben zu verstehen, daß für uns neben der eigenen Ehe keine Ausweichmöglichkeit eines anderen Bündnisses besteht. Zusammen wollen wir die Teenager-Probleme unserer Kinder durchstehen. Wir wollen zueinander sagen: Auch dieses Problem werden wir noch meistern.

c) Eltern sein

Unsere Jugendlichen sollen nicht als unsere Berater oder Seelsorger herangezogen werden. Ich stelle sie auf eine falsche Stufe, wenn ich mich an ihrer Schulter ausweine. Ich bin nicht nur ihr Kollege — nein, als Eltern sind wir Vater oder Mutter. Als Vater und Mutter müssen wir in einer Polarität leben. Wir müssen dem Teenager *Vertrauen* schenken, müssen ihm aber auch *Grenzen* setzen. Vielfach ist weder das eine noch das andere einfach!

Eltern sein bedeutet: der Teenager ist und bleibt unser Kind. Wir schlagen ihm die Türe nicht zu. Wir entziehen ihm nicht die elterliche Zuwendung, die ihm zusteht.

d) Das Zuhause

Die meiste Zeit verbringen Jugendliche im Einflußbereich von Gleichgesinnten, Nachbarn, Lehrern und vor dem Fernseher. Oft meint man, unser Einfluß in bezug auf Mitprägung sei so gut wie ausgeschaltet. Das stimmt nicht. Das Zuhause hat Oberhand. Nur muß es eben ein *Zuhause* sein. Dies muß sich bereits beim Heimkommen zeigen. Der Teenager darf nicht wie ein verspäteter Soldat in der Kaserne empfangen werden. Er soll heimkommen dürfen, auch wenn es verspätet ist. Ein Gespräch könnte am anderen Tag gesucht werden.

Es lohnt sich, ein Zuhause zu haben. Es lohnt sich, dem Teenager und seinem Freundeskreis z.B. die Wohnung für einen Abend zu überlassen. Auch auf die Gefahr hin, am nächsten Tag selber abwaschen zu müssen.

e) Glauben

Wir sind ja gläubig. Das haben wir dem Kleinkind sicher öfter gesagt. Und nun sind Krisenjahre da. In 1. Korinther 16,13 steht geschrieben:

> »Stehet im Glauben!«

Was soll der Jugendliche von unserem Glauben halten, wenn er sieht, daß wir am Verzweifeln sind?

Wir können vom Herrn her lernen, trotzdem zu schlafen, auch wenn ein nicht volljähriges Kind noch nicht zu Hause ist. Wir wollen es dem Herrn immer wieder anbefehlen. Es ist besser, mit dem Herrn über unsere Kinder zu reden, als mit all denen, die wir gerade treffen. Der Vater vom verlorenen Sohn hat auch keine Dauerklagelieder angestimmt. Wir lesen nicht, daß er nach dem Weggang des Sohnes mit anderen Leuten über dieses wehtuende Thema geredet hätte.

f) Normal bleiben

Nicht bei jeder neuen Teenager-Idee sofort in Hoch-
spannung geraten! Wie oft löst sich ein Problem, indem
wir eine gewisse Verzögerungstaktik anwenden. Zudem
gehen lange nicht alle Befürchtungen dann einfach so
über die Bühne. Vieles regelt sich von selber, oder Be-
fürchtetes trifft oft gar nicht ein. Normal bleiben, das ist
ein echtes Anliegen. Nicht schreien. Wir verlieren dadurch an Respekt. Das ist deshalb schlimm, weil der
Respekt sowieso nicht mehr gerade großgeschrieben ist.
Der Teenager wird es um so schwerer haben, sich uns irgendwie zu nähern, um sein Bedürfnis nach Liebe erfüllen zu lassen.

Ja, normal bleiben. Was ist normal? Was ist normal,
wenn die Pubertät unserer Kinder vielleicht zur größten
Demütigung unseres Lebens wird? Das eigene Können
und Schaffen zerbricht; aber eines zerbricht nicht — die
Liebe.

g) Fehler eingestehen

Von unseren Vätern sagt Hebräer 12,10:

> »Jene haben uns gezüchtigt wenige Tage, *wie es ih-
> nen gut dünkte.*«

So ist es doch: wir wollen das Gute, wir wollen die Erziehung recht machen. Aber eben, unsere Erkenntnis ist
Stückwerk, und oft fehlt einfach die Erfahrung. Zudem
ist die Sünde in dieser gefallenen Welt bittere Realität.
Wir sind noch nicht im Himmel. Den allerbesten Eltern
unterlaufen Erziehungsfehler. Wir erziehen wohl nach
unserem Gutdünken, das schließt aber nicht aus, daß wir
dem Teenager gegenüber etwa nicht auch sündigen.
Wie dankbar bin ich, daß die Bibel von Buße und Verge-

bung spricht. Oft müssen wir begangene Schuld nicht nur Gott bekennen, sondern auch unser jugendliches Kind um Vergebung bitten. Wer das nie getan hat, lebt vermutlich in einem Fehlverhalten.

Liebe Eltern, *es lohnt sich,* Teenager zu lieben! Es ist eine Zeit, in der wir beten lernen. Und Gott beantwortet gerne Gebete.

III. Gottes Erziehung schult uns, als Erzieher Liebe, Zucht, Befehle, Vergebung und Strafe recht zu gebrauchen

Hebräer 12,4-11: Die Erziehung Gottes

4. *Ihr habt noch nicht bis aufs Blut widerstanden im Kampf wider die Sünde*

5. *und habt bereits vergessen des Trostes, der zu euch redet als zu seinen Kindern: »Mein Sohn, achte nicht gering die Züchtigung des Herrn und verzage nicht, wenn du von ihm gestraft wirst.*

6. *Denn welchen der Herr lieb hat, den züchtigt er, und er straft einen jeglichen Sohn, den er aufnimmt.«*

7. *Gott erzieht euch, wenn ihr dulden müßt! Als seinen Kindern begegnet euch Gott; denn wo ist ein Sohn, den der Vater nicht züchtigt?*

8. *Seid ihr aber ohne Züchtigung, welche sie alle erfahren haben, so seid ihr Ausgestoßene und nicht Kinder.*

9. *Und so wir unsre leiblichen Väter haben zu Züchtigern gehabt und sie gescheut, sollten wir dann nicht viel mehr untertan sein dem Vater der Geister, auf daß wir leben?*

10. Denn jene haben uns gezüchtigt wenige Tage, wie es ihnen gut dünkte, dieser aber zu unserm Besten, auf daß wir an seiner Heiligkeit Teil erlangen.

11. Alle Züchtigung aber, wenn sie da ist, dünkt uns nicht Freude, sondern Traurigkeit zu sein; aber danach wird sie geben eine friedsame Frucht der Gerechtigkeit denen, die dadurch geübt sind.

1. Gott erzieht mit Liebe

Bereits seine Rettungsaktion fängt so an. Die Bibel zeigt uns das in Römer 5,8:

> »Gott aber erweist *seine Liebe* gegen uns darin, daß Christus für uns gestorben ist, als wir noch Sünder waren.«

Durch das Erscheinen Jesu kann uns Gott als Vater begegnen. Paulus sagt im Epheserbrief 3,15 von ihm:

> »...der der rechte Vater ist über alles, was da Kinder heißt im Himmel und auf Erden.«

Und dieser Vater liebte uns schon, als wir noch Sünder waren. Er liebt nicht die Sünde. Nein, er verabscheut das Verhalten der sündigen Menschen. Auf der Sünde liegt der Zorn. Aber er liebt den Sünder. Die Bibel veranschaulicht das in Johannes 3,16:

> »Also hat Gott *die Welt* geliebt, daß er seinen eingeborenen Sohn gab, auf daß alle, die an ihn glauben, nicht verloren werden, sondern das ewige Leben haben.«

Diese Liebe ist nicht an Bedingungen geknüpft. Gott, als Vater allen Lebens, liebt seine Geschöpfe. Das heißt nicht, daß sie sich nicht bekehren müssen — aber seine Liebe gilt allen, unabhängig davon,

- wie sie sich gerade benehmen;
- wie sie aussehen und
- was sie für Neigungen, Nachteile oder Vorzüge haben!

Er weiß, daß der in Sünde gefallene Mensch Bedürfnisse hat, die sich nach Sättigung ausstrecken. Satan kann sie betäuben, aber nicht stillen. Er kann sie reizen, aber nicht befriedigen. Der durch den Sündenfall an Satan versklavte Mensch ist ausgepumpt. Gähnende Leere breitet sich in ihm aus. Das echte Leben ist weg, dafür herrscht die bindende Sünde. Die Brücke zu Gott ist abgebrochen. Aber ohne Gott stehen wir hilflos vor der Ewigkeit — wir sind verloren.

Und in diese Situation hinein kommt nun das Wort aus Römer 5,8:

> Christus starb für uns, aus Liebe zu uns, »*als wir noch Sünder waren.*«

Gott begegnet uns mit Liebe. Er weiß um unser lechzendes Verlangen. Er wartet darauf, daß wir diese Liebe bejahen, ihm dafür unser Herz öffnen. Und wo das geschieht, *gießt er seine Gottesliebe in unser Herz!* Römer 5,5 formuliert das so:

> »... die Liebe Gottes ist ausgegossen in unser Herz durch den heiligen Geist, welcher uns gegeben ist.«

Der Herr sagt uns nicht dauernd: Seid jetzt recht nett zueinander, seid brav und habt euch lieb! *Bevor er von uns ein geheiligtes Leben erwartet, schüttet er seine Liebe in unser Herz hinein.*

Gott weiß um dieses unser Liebesbedürfnis. Er gab uns seinen Sohn, das ist ein Beweis seiner Liebe. Und wer diesen Sohn Jesus aufnimmt, dem füllt er das Herz mit Liebe.

Ein Leben mit Gott kann gar nicht anders anfangen. Geheiligte, erlöste und fruchtbringende Männer und Frauen sind das nur deshalb, weil sie Gottes Liebe erlebt haben. Paulus fragt in 1. Korinther 4,7:

»Was hast du, das du nicht empfangen hast?«

Wenn wir nun das Gesagte auf unsere Beziehung zum Kind und Jugendlichen übertragen, *dann ist es unsere Verpflichtung, ihnen in der Erziehung vorerst das Herz mit Liebe zu füllen.*

Das Kind muß merken: »Ich werde ernst genommen,« »ich bin geliebt.« Der himmlische Vater macht es so mit uns, und wir Eltern sollen das als Leitbild annehmen und unseren Kindern gegenüber auch so handeln.

2. Gott muß der Sünde Rechnung tragen

Gott ist Liebe, aber das ist kein Grund, die Sünde zu übersehen. Gerade seine Liebe war es ja, die ihn trieb, mit unserer Sünde fertigzuwerden. Die Bibel sagt in Prediger 7,20:

»Es ist kein Mensch so gerecht auf Erden, daß er nur Gutes tue und nicht sündige.«

Das kann Gott nicht einfach ignorieren und vor unseren Missetaten ein Auge zudrücken. Die Sünde trennt den Menschen von Gott. Der natürliche Mensch ist ein Sklave Satans. Durch den Ungehorsam des Sündenfalls hat der Mensch seine Würde und lebendige Beziehung zu Gott verloren. Dieser aber will nicht, daß wir verlorengehen. Deshalb gab er seinen einzigen Sohn, Jesus Christus, um uns zu retten. Und Jesus starb an unserer Stelle, trug für uns die Strafe, wodurch er eine ewige Erlösung schuf. Und nun sagt die Bibel in Johannes 1,12:

> »Wie viele ihn aber aufnahmen, denen gab er Macht, *Gottes Kinder zu werden.*«

Sehr klar schildert uns auch Epheser 1,5 Gottes Rettungsaktion und seine Vorkehrungen, uns zu seinen rechtmäßigen Kindern zu machen:

> »In seiner Liebe hat er uns dazu verordnet, daß wir *seine Kinder* seien durch Jesus Christus, nach dem Wohlgefallen seines Willens!«

Das bedeutet nichts anderes, als daß durch die Hinwendung zu Gott, zu der er uns ruft, der Mensch ein *Wunschkind Gottes* wird. Damit das aber Tatsache werden konnte, mußte Gott sich mit unserer Sünde und Verlorenheit auseinandersetzen. Er half uns, indem er aufs Äußerste ging. Seine Hilfe bestand darin, daß er uns seinen Sohn gab. Wenn wir nun über *unsere Beziehung* zum Kind reden, so nützen schlußendlich alle Programme und Methoden nicht viel, wenn man außer acht läßt, daß die Sünde bereits beim Kleinkind bitterböse Tatsache ist. Das Kind wird als Sünder geboren. In Psalm 51,7 lesen wir:

> »Siehe, ich bin als Sünder geboren, und meine Mutter hat mich in Sünden empfangen.«

Hiob 14,4 schildert es so:

> »Kann wohl ein Reiner kommen von den Unreinen? Auch nicht einer!«

Die Sünde herrscht im Kind, und in der Umwelt wirkt seit dem Sündenfall ein von Gott hineingelegter Fluch (1. Mose 3,17). Darum ist Erziehung unumgänglich. Das Kind kann man nicht sich selbst überlassen. Es braucht Wegleitung, damit es zur eigenen Freude, zur Freude der Eltern und zur Ehre Gottes heranwächst. Das Kind braucht in einer von Sünde geprägten Schöpfung und in einer sündigen Welt Hilfe.

3. Gott will den Seinen Vater sein und nicht Zuchtmeister

Paulus hat den Korinthern in 1. Korinther 4,15 geschrieben:

> »Denn ob ihr gleich zehntausend Zuchtmeister hättet in Christus, so habt ihr doch nicht viele Väter!«

In der Bibel wird Zuchtmeister und Vater nicht einfach gleichgestellt. Der Vater hat eine tiefere, liebendere und einflußreichere Beziehung zum Kind als ein Zuchtmeister. Ein Zuchtmeister fordert und bestraft. Ein Vater aber liebt zuallererst einmal, und erst nachher kommt die Zucht.

> »Welchen der Herr *lieb* hat, den züchtigt er« (Hebr 12,6a und z.B. Offb 3,19).

Er tut das aber als Vater. In Vers 7 des angeführten Hebräertextes lesen wir:

> »Als seinen Kindern begegnet euch Gott!«

Wieder steht in Vers 6b:

> »Er straft einen jeglichen Sohn, den er aufnimmt!«

Gerade ab dem Zeitpunkt der Annahme durch Gott, also in der Wachstumsentwicklung des jungen Glaubens, sehen wir, wie die Züchtigung, *die eine »friedsame Frucht der Gerechtigkeit«* wirkt (Vers 11), nötig ist. »Gott erzieht euch«, sagt Vers 7. Er aber erzieht nicht zu Trotzkindern durch falsch angewendete und verstandene Zucht, sondern damit wir »viel mehr *untertan* seien dem Vater der Geister, auf daß wir *leben*« (Vers 9).

Gott will also mit seiner Erziehung erreichen, daß wir ihm gehorsam sind, daß wir wirklich leben können und das Leben haben, das sich lohnt. Er macht es zu unserem Besten (Vers 10). Es geht ihm um die Entwicklung zum Ziel hin, nicht nur um eine momentane Ordnung.

Im weiteren gibt es bei der Beziehung von Gott zu seinen Kindern aber noch einen anderen, sehr wichtigen Aspekt.

Das Gesetzverhältnis zwischen Gott und Mensch soll durch ein Vertrauens- und Glaubensverhältnis abgelöst werden. Dazu nimmt Galater 3,23-26 Stellung:

23. »Ehe aber der Glaube kam, wurden wir *unter dem Gesetz* verwahrt und verschlossen auf den *Glauben* hin, der da sollte offenbart werden.

24. So ist das Gesetz unser *Zuchtmeister* gewesen auf Christus, damit wir durch Glauben gerecht würden.

25. Nun aber der *Glaube* gekommen ist, sind wir nicht mehr unter dem Zuchtmeister.

26. Denn ihr seid alle Gottes Kinder durch den Glauben an Christus Jesus!«

Ein Kind Gottes lebt in einem völligen Vertrauensverhältnis zu seinem himmlischen Vater. Gott ist nicht von Morgen bis Abend mit der Rute hinter ihm her. Der Gesetzeszuchtmeister hat im Leben eines Kindes Gottes Jesus Platz machen müssen. Und dieser Jesus führt die Seinen durch seinen Geist so, daß sie ihn lieben und seine Gebote, d.h. seine persönlichen Anweisungen für den einzelnen, halten (siehe Joh 14,15).

Die Stellung eines Kindes Gottes beruht auf einem idealen Vater-Kind-Verhältnis. Da gibt es nicht ständige Forderungen, Drohungen, Strafen und Schläge. Da wird nicht ständig um Sein und Nichtsein gerungen. Man darf Kind sein, man darf sich von Gott auf den Schoß nehmen lassen.

Als Erzieher müssen wir dieses gewaltige Bild auf uns einwirken lassen. Das ist die Norm, an der wir uns orientieren müssen. Wie erzieht Gott seine Kinder? Er erzieht sie so, daß sie ihm völlig *vertrauen* können. Diese Vertrauensbeziehung geschieht in einer gesunden Polarität gegenüber dem an Stellenwert herabgesetzten Gesetz.

4. Gottes Gesetze sind kurz und klar

Wir finden in der Bibel die zehn Gebote. In diesen *nur* zehn Geboten ist eigentlich alles gesagt, was Gott von uns erwartet.

Es ist unbestritten so, daß uns Gottes Erziehung lehrt, Erzieher zu werden. Machen wir es doch, wie er es macht. *Nicht zuviel befehlen.* In vielen Fällen wäre eine Bitte angebrachter. Wenn die Eltern das schon größere Kind eher um etwas bitten, anstatt ihm zu befehlen, so ist das familiärer. Das Kind fühlt sich auf der Ebene eines geachteten Menschen angesprochen. Zudem wird sein Charakter geformt. Bei einer Bitte kann es auch nein sagen. In bestimmten Fällen muß dann vielleicht die Bitte in einen Befehl verwandelt werden. Aber deswegen geht die Welt nicht unter. Das Kleinkind ist noch nicht fähig, Entscheidungen zu treffen. Es muß dies zu Hause unter Anleitung der Eltern lernen. Je älter es aber wird, um so mehr müssen die Gebote der Eltern abnehmen. Das Kind muß nicht nur Gehorsam lernen, sondern auch fähig werden, Entscheidungen zu treffen.

Ist aber ein Befehl einmal erteilt worden, dann ist darauf zu achten, daß er auch ausgeführt wird. Es ist für das Kind schädlich, wenn Befehle über Befehle gegeben werden und sich niemand darum kümmert, ob sie eingehalten werden oder nicht. Zudem ist es wichtig, daß sich Vater und Mutter nicht gegenseitig ausspielen. Das eine stellt sich hinter die Befehle des anderen. Diesbezügliche Meinungsverschiedenheiten sollten nicht vor dem Kind ausgefochten werden. Sollten Befehlsänderungen nötig werden, so gibt man dem Kind eine Erklärung, die aber nie einen Elternteil herabwürdigt.

5. Gott vergibt

Ja, wir dürfen zu ihm sagen:
> »Und vergib uns unsere Schuld« (Matth 6,12).

Warum können wir das? Weil Jesus die Strafe, die wir verdient hätten, auf sich genommen hat. Jesaja 53,5 sagt:
> »Aber er ist um unserer Missetat willen verwundet und um unserer Sünde willen zerschlagen. Die Strafe liegt auf ihm, auf daß wir Frieden hätten, und durch seine Wunden sind wir geheilt!«

In Zephania 3,15 steht dann geschrieben:
> »Denn der Herr hat deine Strafe weggenommen!«

Gott erläßt den Seinen die Strafe und vergibt. Das ist Evangelium. Auch wenn ich als sein Kind in Sünde gefallen bin, darf ich zu ihm kommen. Ich darf ihm meine Sünden bekennen, und dann ist er treu und gerecht, daß er mir vergibt (laut 1. Joh 1,9)! Vergebung heißt nicht immer, daß auch *die Folgen der Sünde* gleich weg sind. Ein Kind kann ungehorsam sein, sich z.B. zu wenig warm anziehen und krank werden. Auch wenn es eine ganze Vergebung bekommen hat, so ist es trotzdem krank.

Es gibt viele Situationen, wo das Kind durch die Folgen einer angestellten Dummheit genug »bestraft« ist. Da sollte man nicht noch Bestrafung zufügen.

Daneben gibt es noch andere Situationen. Wir werden z.B. in der Erziehung feststellen, daß das Kind in gewissen Fällen nach begangenem Unrecht Gewissensbisse hat. Es tut ihm von Herzen leid. Was sollen wir da tun?

Die Bibel sagt das eigentlich ganz klar. Wenn wir etwas nicht Richtiges getan haben und das auch aufrichtig bereuen, so vergibt uns Gott. Das bedeutet doch, daß auch wir unseren Kindern vergeben, wenn es ihnen von Herzen leid tut, ohne gleich dreinzuschlagen. In unserem Glaubensleben folgen sich etwa Schuld, Reue und Vergebung. Es soll auch von unseren Kindern so erlebt werden können.

6. Korrektur und Strafe

Das Kind braucht unsere Hilfe auch in Form von Korrektur. Sprüche 29,15 gibt folgende Weisung:

> »Rute und *Tadel* gibt Weisheit; aber ein Knabe, sich selbst überlassen, macht seiner Mutter Schande.«

Tadel bedeutet nicht, mit dem Kind nach begangenem Fehler für längere Zeit nicht mehr zu reden. Eher das Gegenteil ist der Fall. Dem Kind wird die falsche Handlung aufgedeckt, man erklärt ihm, was falsch gemacht worden ist. Es wird entsprechend getadelt. Es soll zu spüren bekommen, daß einerseits das Fehlverhalten korrigiert werden soll und andererseits ein Strich unter die Sache gezogen wird.

Eine Bestrafung ist sicher nötig bei Trotzreaktionen, d.h., wenn das Kind willentlich Gehorsam verweigert, wenn es den elterlichen Anweisungen widersteht.

Die Strafe soll bemessen sein. Das Kind muß verstehen, worum es geht; d.h., warum es jetzt vorübergehend Hausarrest hat oder auf etwas verzichten muß. Es soll nicht sofort körperliche Strafe sein. Es ist jedoch zu beachten, daß die Bibel von dem Gebrauch der Rute redet.

Sie meint damit unter anderem auch die körperliche Strafe.

> »Laß nicht ab, den Knaben zu züchtigen; denn wenn du ihn mit der Rute schlägst, so wird er sein Leben behalten, du schlägst ihn mit der Rute, aber du errettest ihn vom Tode« (Sprüche 23,13.14).

Eines wird hier doppelt herausgestrichen: Wenn Schläge sein müssen, so müssen sie lebensfördernd und lebenserhaltend sein. Der Sinn ist klar. *Körperliche Strafe kann nötig sein, aber sie darf weder Körper, Seele noch Geist Schaden zufügen.*

Wer das als Erzieher weiß, der wird nur mit Zurückhaltung und Beherrschung körperliche Strafe erteilen. Ob man das ohne Gebet richtig machen kann, ist fraglich.

Es gibt drei Sorten von Ruten, und nur die dritte, die uns beim Gebrauch selber weh tut, ist die richtige.

a) Die richtende Rute

Der Strafende schaut nur in die Vergangenheit. Es geht um eine Schuldigsprechung, um eine Verurteilung. Dem Kind wird eingeschärft, wie böse und mißraten es ist, daß aus ihm nie etwas Rechtes wird. Solche Sätze können sich beim Kind so einprägen, daß sie später zur Tatsache werden. Bei dieser Art Bestrafung hat man den Eindruck, daß der Erzieher aufatme und froh sei, weil der Schuldige gefunden worden ist. Nur drängen sich hier die Fragen auf: Wann wird der Urteilsspruch wieder aufgehoben, und wer hilft dem Verurteilten nicht nur die Strafe, sondern auch die auferlegte Last tragen?

Schläge, die mit folgenden Worten begleitet sind, tun weh: Du hast sie verdient, das geschieht dir recht, du bist selber schuld, das ist die gerechte Strafe! Die Rede des

Richters ist die falsche Rute. Der Herr sagte selber in Matthäus 7,1:

> »Richtet nicht!«

b) Die rächende Rute

Diese Rute, diese Art Bestrafung wird im Zornausbruch des Erziehers gebraucht. Das Kind wird angeschrien, es bekommt aus dem Ärger der Eltern heraus unkontrolliert Hiebe, Ohrfeigen und wird an den Haaren gezerrt. Die erteilte Strafe dient weniger zur Korrektur des Kindes als viel mehr zum Aggressions-Abbau des Strafenden. Die Reihenfolge der Ereignisse aus Sicht des Erziehers ist etwa so: Weil du gegen mich gesündigt hast, bin ich nun zornig, und damit ist es deine Schuld, wenn ich nervös dreinschlage. Diese Rute hilft keine gute Zukunft aufbauen, sie löst nur scheinbar eine momentane Verkrampfung beim erbosten Erzieher, baut aber beim Kind Mißtrauen und Mißbehagen auf. Diese rächende Rute gehört in kein Zuhause. Rache ist nicht des Menschen Sache. Gott hat gesagt: »Die Rache ist mein« (5. Mose 32,35)!

c) Die erziehende Rute

Die Bibel umschreibt sie in Sprüche 22,15 wie folgt:

> »Torheit steckt dem Knaben im Herzen; aber die
> Rute der Zucht treibt sie ihm aus.«

Hier geht es um eine Korrektur. Es geht um die Zukunft. Diese Rute schließt Vergebung in sich. Es geht um eine Bestrafung mit dem Ziel, daß das Unrecht nicht mehr getan wird. Die Rute der Zucht muß nicht unbedingt körperliche Strafe sein. Dem Kind ist vom biblischen Maßstab her zu zeigen, was richtig und was falsch ist. Bei dieser Art Bestrafung bleibt der Vater Vater und die Mutter Mutter. Keines der beiden wird zum Richter oder zum Rächer. Das Kind soll wissen: Die Eltern wollen mir helfen, sie wollen mir den rechten Weg zeigen, sie wollen mich vor Fehltritten schützen. Keine Strafe darf beim Kind Zweifel an der elterlichen Liebe wachrufen. Das Kind merkt: Die Bestrafung tut den Eltern ebenso weh wie ihm.

Wer die falsche Rute braucht, der sündigt. Jedes Kind ist irgendwann einmal ungezogen. Strafe ist gelegentlich notwendig. Aber sie sollte nicht ständig unsere erste Reaktion sein. Zuviel Bestrafung richtet Schaden an. Wir müssen uns fragen: Ist das Kind vielleicht unartig, weil wir seine seelische Batterie schon lange nicht mehr aufgeladen haben? Muß es sich bemerkbar machen, daß es auch noch da ist und schon lange keine Liebeserweise mehr erfahren hat?

Im weiteren spielt seine körperliche Verfassung auch noch eine Rolle. Wenn das Kind hungrig, müde oder krank ist, dann wird es sehr viel schneller ungezogen handeln.

Als Kinder des Höchsten wollen wir uns immer wieder darauf besinnen, wie Gott uns als Vater erzieht. Und dieses Vorbild hilft uns, unseren Kindern recht zu begegnen.

7. Ohne Jesus geht es nicht

Wie braucht Gott die erwähnten Ruten?

a) Gott mußte die *Rute des Gerichts* gebrauchen. Er hat ja dem ersten Elternpaar gesagt:

> »Aber von dem Baum der Erkenntnis des Guten und Bösen sollst du nicht essen; denn an dem Tage, da du von ihm issest, mußt du des Todes sterben« (1. Mose 2,17).

Auf der Sünde liegt Gottes Todesstrafe. Sünde trennt Gott und Mensch voneinander (Jes 59,2). Nach dem Sündenfall, dem Ungehorsam von Adam und Eva Gott gegenüber, wurde das klar sichtbar. Zuerst einmal starb in ihnen die lebendige Beziehung zu Gott ab, dann wurden sie aus dem Garten Eden vertrieben, und schließlich starben sie auch körperlich. Die Bibel sagt ganz klar in Römer 6,23:

> »Der Sünde Sold ist der Tod.«

Wir alle hätten als verlorene Sünder die endgültige Verurteilung Gottes verdient. Denn wir haben alle gesündigt (Röm 3,23). Nun aber sagt uns die Bibel, daß jemand bereit war, an unserer Stelle als schuldig befunden zu werden. Gott hat, um uns zu retten, die Todesstrafe über seinen Sohn Jesus Christus verhängt. Das lesen wir in 2. Korinther 5,21:

> *»Denn er hat den, der von keiner Sünde wußte, für uns zur Sünde gemacht,* auf daß wir würden in ihm die Gerechtigkeit, die vor Gott gilt.«

Schon Hiob sah im Geist einen »Redlichen«, der für ihn vor Gott eintrat, und folgerte daraus in Kapitel 23,7b:

> »… für immer würde ich entrinnen meinem Richter!«

Wer sich Jesus anvertraut, braucht keine Angst mehr vor dem letzten Gericht zu haben. Er sagt es selber in Johannes 5,24:

> »Wahrlich, wahrlich, ich sage euch: Wer mein Wort hört und glaubet dem, der mich gesandt hat,

der hat das ewige Leben und kommt nicht in das Gericht, sondern er ist vom Tode zum Leben hindurchgedrungen.«

b) Dann sehen wir weiter, wie die göttliche *Rute der Rache und Vergeltung* über Jesus ergangen ist. Es hat einen Schlachttag gegeben, wo der Gerechte für uns getötet worden ist (Jak 5,5.6).

Jesus ist stellvertretend für uns gestorben. Deshalb kann Jesaja 53,5b ausrufen:

»Die Strafe liegt auf ihm, auf daß wir Frieden hätten!«

Man kann dem Zorn Gottes entrinnen, indem man Jesus annimmt. Johannes 3,36b sagt deshalb mahnend:

»Wer dem Sohn nicht glaubt, der wird das Leben nicht sehen, sondern der Zorn Gottes bleibt über ihm.«

Man kann also das Werk Jesu verachten. Dabei ist es die einzige Möglichkeit, die uns vor dem zukünftigen Zorn errettet (1. Thess 1,10b).

Errettung vom Zorn Gottes ist dank Golgatha und Ostern für jeden Jesusnachfolger Wirklichkeit geworden.

c) Was einem Kind Gottes bleibt, ist die *erziehende Rute* Gottes. Die Bibel gibt ihr den Namen »Rute der Zucht«. Was darunter zu verstehen ist, sagt Hebräer 12,7 mit dem Ausdruck: »Gott erzieht euch.« Da braucht niemand Angst zu haben. Das gleiche Kapitel deckt nämlich Gottes Erziehungsmethode und -ziele auf. Er begegnet uns als seinen Kindern (Vers 7), damit

- wir leben (Vers 9);

- es zu unserem Besten dient (Vers 10);

- wir Teil an seiner Heiligkeit erlangen (Vers 10) und
- damit eine friedsame Frucht der Gerechtigkeit heranreift (Vers 11).

Gottes Erziehung ist gut. Sie geschieht mit urechter Vaterliebe und macht unser Leben reich. Sogar so reich, daß wir diese Liebe an unsere Kinder weitergeben können.

Von der Türkei wird uns folgende Begebenheit übermittelt:

>In der Hagia Sophia in Istanbul befindet sich ein auf die Wand gemaltes Christusbild aus der Zeit, als die jetzige Moschee noch eine christliche Kirche war. Als die Moslems von der Kirche Besitz nahmen, übertünchten sie das Christusbild. Wenn jetzt zu gewissen Zeiten die Sonne durch die Fenster scheint und ihre hellen Strahlen auf die übertünchte Wand wirft, so sieht man unter der dicken Farbe die Umrisse des alten Christusbildes hervortreten. Wenn das die Mohammedaner sehen, so murmeln sie: Er kommt doch noch einmal wieder.<

Wenn junge Menschen einmal das wahre Christusbild in ihrem Herzen gehabt haben, und wenn es auch übertüncht worden ist, dann gebe ich die Hoffnung für sie noch nicht auf. Die Strahlen der göttlichen Liebessonne werden in Not und im Leiden die Umrisse des edlen Bildes wieder zutage treten lassen, und ich darf auch für sie hoffen: >Er kommt doch noch einmal wieder.< Möge es unserem treuen Herrn vergönnt sein, bald bei vielen solchen Jugendlichen Einkehr halten zu dürfen.

IV. Warum der Mensch in ihn eingrenzende Lebensräume mit Leitfunktion hineingeboren wird

1. Ein Versuch, in Staat, Familie und Gemeinde Lichtstrahlen von Gottes Wesenszügen zu erkennen.

Immer wieder werden Stimmen laut, die befürworten, daß Staat, Familie und Kirche in die Vergangenheit zu verbannen seien. Gerade junge Menschen, die im großen und ganzen sehr offen sind für neue Ideen, Abenteuer, Frieden und Gerechtigkeit, haben oft leicht Gehör für die Abschaffung der genannten Instanzen. Da viele Staaten die elementarsten menschlichen Rechte mit Füßen treten, viele Familien auseinanderbersten, statt ein Heim zu bieten, die Kirche die Kreuzzüge organisierte und Südamerika mit dem Kreuzessymbol eroberte, scheint für viele die Zeit für ganz andere Wege reif. Warum sollte es nicht Freiheit ohne Heimat, Familie ohne Autorität und Glauben ohne Jesus geben?

Es lohnt sich der Versuch, Staat, Familie und Gemeinde Jesu einmal im Licht von Gottes Wesenszügen zu sehen. Dabei hilft uns der biblische Text aus dem Römerbrief.

Kap. 5,12-19 zeigt uns die Notwendigkeit von Lebensräumen mit Leitfunktionen, es deckt den Sündenfall auf und offenbart Gottes Rettungsplan:

12. Derhalben, wie durch einen Menschen die Sünde ist in die Welt gekommen und der Tod durch die Sünde, so ist der Tod zu allen Menschen durchgedrungen, weil sie alle gesündigt haben.

13. Denn die Sünde war wohl in der Welt, ehe das Gesetz kam; aber wo kein Gesetz ist, da wird Sünde nicht zugerechnet.

14. Gleichwohl herrschte der Tod von Adam an bis auf Mose auch über die, die nicht gesündigt hatten mit gleicher Übertretung wie Adam, welcher ist ein Bild des, der kommen sollte.

15. Aber nicht verhält sich's mit der Gabe wie mit der Sünde. Denn wenn an eines Sünde viele gestorben sind, so ist viel mehr Gottes Gnade und Gabe vielen überschwenglich widerfahren durch die Gnade des einen Menschen Jesus Christus.

16. Und nicht ist die Gabe so gekommen wie durch den einen Sünder das Verderben. Denn das Urteil hat aus des einen Sünde geführt zur Verdammnis; die Gnade aber hilft aus vielen Sünden zur Gerechtigkeit.

17. Denn wenn um des einen Sünde willen der Tod geherrscht hat durch den einen, wieviel mehr werden die, welche empfangen die Fülle der Gnade und der Gabe zur Gerechtigkeit, herrschen im Leben durch den einen, Jesus Christus.

18. Wie nun durch eines Sünde die Verdammnis über alle Menschen gekommen ist, so ist auch durch eines Gerechtigkeit die Rechtfertigung zum Leben für alle Menschen gekommen.

19. Denn gleichwie durch eines Menschen Unge-
horsam viele zu Sündern geworden sind, so
werden auch durch eines Gehorsam *viele zu*
Gerechten.

Vor allem folgendes wird hervorgehoben:
- *durch einen Menschen ist die Sünde in die Welt gekommen;*
- *der Tod ist zu allen Menschen durchgedrungen;*
- *der Tod herrschte von Anfang an auch über die, die nicht so tiefgründig gesündigt haben wie Adam;*
- *durch einen Sünder kam das Verderben, und*
- *eine Sünde führte zum Verdammnisurteil.*

Da wird also geschildert, wie »durch eines Menschen Ungehorsam die *vielen* zu Sündern geworden sind« (Vers 19, laut Übersetzung von Wiese, Wilckens etc.).

Seit dem Sündenfall ist der Mensch ein gefallenes Geschöpf.

Als solches hätte sich aber der Mensch schon lange vernichtet, wenn Gott nicht eingeschritten wäre mit seiner Rettungsaktion.

Die Bibel sagt von unserem Herrn in Psalm 46,10:

»Der den Kriegen steuert in aller Welt, der Bogen zerbricht, Spieße zerschlägt und Wagen mit Feuer verbrennt.«

Das heißt nicht, daß er Freude hat an den Kriegen und immer wieder solche anzettelt. Nein, der gefallene Mensch lebt in dem Machtbereich Satans und bekriegt sich stets aufs neue. Unter seiner Herrschaft steht der natürliche Mensch unter dem Gesetz des Zerstörens.

Martin Buber übersetzt die angeführte Stelle über das Einschreiten Gottes wie folgt:

»Die Kriege *verabschiedet* er bis ans Ende des Erdreichs!«

Zur Veranschaulichung kann man folgenden Satz wagen:

Wenn Gott nicht den 2. Weltkrieg verabschiedet hätte, so hätten sich die Völker spätestens damals gegenseitig ausgerottet.

Gott »verabschiedet« in der von ihm abgewandten Welt aber nicht nur Kriege, sondern er hat verschiedene Institutionen ins Leben gerufen, damit die gefallene Welt trotz Satans Druck und den von ihm inszenierten Selbstvernichtungs-Aktionen bis zum rettenden Kreuz von Golgatha »überleben« konnte. Ja, er hat in seiner Rettungsvorbereitung sogar hier schon innerhalb der sündigen Menschheitsgeschichte *Brückenköpfe* seines Schöpfungsanspruches gebaut. Und diese haben, solange diese Erde bestehen wird, stützende und schützende Funktionen. Es handelt sich *um drei Lebensgemeinschaften.* Diese von Gott ins Leben gerufenen Institutionen heißen:

- *der Staat* (bis hin zu Stammesgemeinschaften),
- die *Familie,*
- *die Gemeinde Jesu* (eine Art Vorläufer war das alte Israel)!

a) Der Staat

In 1. Johannes 1,5 steht: »*Gott ist Licht.*« Aus dem Wesen Gottes als Licht treten unter anderem folgende Eigenschaften hervor:

- Gerechtigkeit

Die Bibel sagt: »In ihm ist keine Finsternis« (1. Joh 1,5) Ja, er verträgt diese nicht. Seine Gerechtigkeit duldet keine Sünde. Deshalb äußert sich der Herr in Offenbarung 21,27 wie folgt:

»Und wird nicht hineingehen *irgendein Unreines* und nicht, der da Greuel tut und Lüge, sondern allein, die geschrieben sind in dem Lebensbuch des Lammes.«

- Heiligkeit

Die Engel Gottes reden davon, z.B. in Jesaja 6,3:

> »Und einer rief zum andern und sprach: Heilig, heilig, heilig ist der Herr Zebaoth, alle Lande sind seiner Ehre voll!«

Gott hatte den Menschen dazu bestimmt, nach seinen Maßstäben, also gerecht, über die Erde zu herrschen. Dies sagt bereits das erste Kapitel der Bibel, 1. Mose 1,28:

> »Und Gott segnete sie und sprach zu ihnen: Seid fruchtbar und mehret euch und füllet die Erde und machet sie euch untertan und herrschet über die Fische im Meer und über die Vögel unter dem Himmel und über das Vieh und über alles Getier, das auf Erden kriecht.«

Aber durch den Sündenfall verlor die menschliche Natur Gottes Gerechtigkeit. Die Bibel drückt das klar aus in Römer 3,10:

> »Da ist keiner, der gerecht sei, auch nicht *einer*.«

Wie sollen nun wir Menschen einigermaßen in Gerechtigkeit untereinander leben? Römer 13,1-7 gibt Auskunft:

> 1. *Jedermann sei untertan der Obrigkeit, die Gewalt über ihn hat. Denn es ist keine Obrigkeit ohne von Gott; wo aber Obrigkeit ist, die ist von Gott verordnet.*
> 2. *Wer sich nun der Obrigkeit widersetzt, der widerstrebt Gottes Ordnung; die aber widerstreben, werden über sich ein Urteil empfangen.*

3. Denn die Gewalt haben, sind nicht bei den guten Werken, sondern bei den bösen zu fürchten. Willst du dich aber nicht fürchten vor der Obrigkeit, so tue Gutes; so wirst du Lob von ihr haben.

4. Denn sie ist Gottes Dienerin dir zugut. Tust du aber Böses, so fürchte dich; denn sie trägt das Schwert nicht umsonst; sie ist Gottes Dienerin, eine Rächerin zur Strafe über den, der Böses tut.

5. Darum ist's not, untertan zu sein, nicht allein um der Strafe willen, sondern auch um des Gewissens willen.

6. Derhalben gebet ihr ja auch Steuer; denn sie sind Gottes Diener, auf solchen Dienst beständig bedacht.

7. So gebet nun jedermann, was ihr schuldig seid: Steuer, dem die Steuer gebührt; Zoll, dem der Zoll gebührt; Furcht, dem die Furcht gebührt; Ehre, dem die Ehre gebührt.

Unter anderem werden hier folgende Aspekte sofort sichtbar:

»Wo aber Obrigkeit ist, die ist von Gott verordnet« (Vers 1).

Das heißt also, daß es Gottes Wille ist, wenn Obrigkeit, d.h. Staat, da ist.

»Sie trägt das Schwert nicht umsonst« (Vers 4).

Sie trägt es, damit der einzelne zum Gutestun angehalten wird. Durch Stammesgemeinschaften und den Staat hat Gott dazu beigetragen, daß die Menschheit bis jetzt überlebte. Die verschiedensten Staatsformen haben Regeln und Gesetze aufgestellt, innerhalb deren ein einigermaßen geordnetes Zusammenleben möglich war. Der Staat ist eine Notlösung Gottes. Er kann deshalb von uns Menschen nicht abgeschafft werden, ohne daß wir in der Anarchie stranden.

Gott hat also dem gefallenen Menschen ermöglicht, durch die Hilfe des Staates in einer gewissen »Gerechtigkeit« zu leben. Auch wenn die vielen Staatsgebilde in vielen Punkten mehr als fraglich sind, so wurde doch der Mensch vom Staat her verpflichtet, sich an eine bestimmte Disziplin zu halten. Es ist wenigstens irgendein Recht vorhanden. Gott ist gerecht, und der Staat ist ein durch ihn errichtetes Instrument, durch das die gefallene Menschheit vor absoluter Anarchie bewahrt worden ist. Der Staat ist aber nur eine Hilfslösung. Eine Lösung, die oft versagt, weil dahinter gefallene Menschen stehen.

Bei der Schöpfung machte Gott Raum für den Willen des Menschen. Das sagt uns schon 1. Mose 1,26. Auf der Welt sollte der Mensch herrschen. Damit begrenzte Gott seinen eigenen Willen — er riskierte viel. Und tatsächlich, der Mensch hat seinen Adel aufs Spiel gesetzt. Die Sünde ist »durch einen Menschen« in die Welt gekommen (Römer 5,12).

Satan konnte die Sünde nur *bis an* die Welt herantragen. *Erst als der Mensch seinen Willen Satan unterwarf, kam es zum Sündenfall.*

Damit aber die Menschheit bis zum zweifachen Kommen des Retters und Königs *Jesus Christus* nicht unterging, gab ihr Gott helfende Stützen. Ohne diese kann der gefallene Mensch nicht durchkommen. Eine davon ist der *Staat.*

Seit dem Sündenfall lebt der Mensch in *Selbstbehauptung,* also losgelöst von Gottes Willen. Erst bei Jesus finden wir wieder jemanden, der lebenslang nur den Willen des Vaters tat. Dies bringt auch sein Vaterunser-Gebet in Matthäus 6,9-10 zum Ausdruck:

»Unser Vater in dem Himmel! Dein Name werde geheiligt. Dein Reich komme. Dein Wille geschehe auf Erden wie im Himmel.«

Gott hat trotz des Sündenfalls nie gesagt, daß sein Wille nicht mehr gelte. Wo aber des Herrn Wille nicht geschieht, da ist Chaos. Ohne Gott geht es nicht. Er ist ein Gott der Ordnung. Um diese aufrechtzuerhalten, hat er eine Dienerin (Röm 13,4) eingesetzt. Diese wird im gleichen Kapitel Vers 2 vorgestellt:

»Wer sich nun der Obrigkeit widersetzt, der widerstrebt Gottes Ordnung; die aber widerstreben, werden über sich ein Urteil empfangen.«

Gott macht manchmal zum Teil *recht gottlose Staatsführer* zu seinen Dienern, rüstet sie mit Macht und Aufträgen aus, ohne daß diese es eigentlich wissen.

Einige Beispiele:

»Dies ist im Rat der Wächter beschlossen und ist Gebot der Heiligen, damit die Lebenden erkennen, daß der *Höchste Gewalt hat über die Königreiche* der Menschen und sie geben kann, *wem er will,* und einen Niedrigen darüber setzen« (Dan 4,14).

»Nun aber habe ich alle diese Länder in die Hand *meines Knechtes Nebukadnezar,* des Königs von Babel, gegeben und auch die Tiere auf dem Felde, daß sie ihm untertan sein sollen« (Jer 27,6).

Im zweiten Text wird der König als Knecht des Herrn bezeichnet! Dieser König war alles andere als ein Freund des Volkes Israel. Weiter sehen wir im Prophetenbuch Habakuk die Feinde Gottes »seine Rute« werden.

Und woher hatte Pilatus seine Macht?

»Jesus antwortete: Du hättest keine Macht über mich, wenn sie dir nicht wäre *von oben* her gegeben. Darum: der mich dir überantwortet hat, der hat größere Sünde« (Joh 19,11).

Gott wirkt durch die von ihm bejahten oder eingesetzten Obrigkeiten. Er braucht sie, um wenigstens ein gewisses Maß an Ordnung aufrechtzuerhalten. Er kann sie zur Hilfeleistung und zur Züchtigung einsetzen.

Wer aber sein Vaterland im Geist des zwanzigsten Jahrhunderts so billig achtet, der stellt sich gegen Gott.

Diese biblischen Hintergründe helfen einem Christen, eine zu Gottes Ehre geprägte innere Haltung zu finden:

1) Wir werden *für den Staat beten.* So sagt es uns 1. Timotheus 2,1.2:

»So ermahne ich nun, daß man vor allen Dingen zuerst tue Bitte, Gebet, Fürbitte und Danksagung für alle Menschen, für die Könige und für alle Obrigkeit, auf daß wir ein ruhiges und stilles Leben führen mögen in aller Gottesfurcht und Ehrbarkeit.«

2) *Staatspflichten* sind uns nicht fremd. Jesus selber gibt eine klare Wegweisung in Matthäus 22,21:

»So gebet dem Kaiser, was des Kaisers ist.«

3) Es kann Lebenssituationen geben, wo ein Jesusnachfolger in Konflikt kommt, weil die Obrigkeit von ihm ein widergöttliches Handeln fordert. In solchen Momenten sagt die Bibel nicht, daß der Staat voll abzulehnen wäre, aber in der fraglichen Sache heißt es:

»Man muß Gott *mehr* gehorchen als den Menschen« (Apg 5,29b).

Gerade bei der Militärdienstverweigerung bezieht man sich oft auf diese Stelle. Leider wird sie dann gerne so interpretiert, daß nur Gott zu gehorchen ist, nicht aber der Regierung. Man lehnt von dieser falschen Sicht her jegliche Kompromißlösung ab. Wenn das Waffentragen zu Glaubens- und Gewissenskonflikten führt, so wäre doch die Einsatz- und Bereitschaftsmöglichkeit zu prüfen, einen Dienst ohne Waffen zu tun. Im ganzen Ringen nach Klarheit darf nicht vergessen werden, *daß laut Römer 13,4 die Obrigkeit Träger des Schwertes ist.*

Zudem sehen wir, daß in Lukas 3,14 Soldaten mit ähnlichen Fragen an Johannes herantraten:

»Was sollen denn wir tun? Und er sprach zu ihnen: Tut niemand Gewalt noch Unrecht, und lasset euch genügen an eurem Solde!«

Es darf nicht übersehen werden, daß Johannes diese Kriegsleute nicht heimschickte. Nein, er sagte ihnen: Lebt auch als Soldaten nach Gottes Maßstäben, handelt nicht ohne Gewissen, fragt euch auch als Soldaten, wie weit wir untertan sein können, und seid zufrieden.

In diesem Zusammenhang ist das sechste Gebot nicht zu vergessen. Es steht in 2. Mose 20,13:

»Du sollst nicht töten!«

Es kann vielleicht eine Hilfe sein, wenn man weiß, daß das Wort »töten« hier eher mit »morden« zu übersetzen wäre. Nur schon von daher ist es ein großer Unterschied, ob jemand mordet oder im Auftrag eines Staates in den Krieg ziehen muß.

Eines ist auf alle Fälle sicher: Jesus wird schließlich »alle Herrschaft und Obrigkeit und Gewalt« (1. Kor 15,24b) vernichten. Dieses müssen und wollen wir ihm überlassen.

b) Die Familie

In 1. Johannes 4,16 lesen wir:

>Und wir haben erkannt und geglaubt die Liebe,
die Gott zu uns hat. *Gott ist Liebe;* und wer in der
Liebe bleibt, der bleibt in Gott und Gott in ihm.«

Dies war schon im Paradies so. Bereits bei der Schöpfung in 1. Mose 1,27 wird das ersichtlich:

>Und Gott schuf den Menschen zu seinem Bilde,
zum Bilde Gottes schuf er ihn.«

Dann lesen wir, wie er, der Herr, mit ihm redete, mit ihm
Gemeinschaft hatte. Er wollte das Beste für ihn, deshalb
sagte er:

>Es ist nicht gut, daß der Mensch allein sei; ich will
ihm eine Gehilfin machen, die um ihn sei« (1. Mose
2,18).

Gott ist Liebe und will, daß wir davon und darin leben
können. Er hat dazu einen entsprechenden Lebensraum
gestiftet. Wir finden eine weitere Beschreibung darüber
in Epheser 5,25:

>Ihr Männer, liebet eure Frauen, gleichwie auch
Christus geliebt hat die Gemeinde und hat sich
selbst für sie gegeben.«

Gott hat die Ehe gewollt und *geschaffen.* Sie ist die in-
nerste Zelle der Familie.

In Matthäus 19,4 bestätigt das Jesus.

>Er antwortete aber und sprach: Habt ihr nicht
gelesen, daß, der *im Anfang* den Menschen geschaffen hat, schuf sie als Mann und Weib...«

Gott hat Mann und Frau zusammengefügt:

>So sind sie nun nicht mehr zwei, sondern ein
Fleisch; was nun Gott zusammengefügt hat, das
soll der Mensch nicht scheiden« (Matth 19,6).

Und in dieses Zusammengefügtsein hat der Schöpfer
seine Liebe delegiert.

*Praktisch sieht das nun so aus, daß in einer Welt, die
von Gott getrennt lebt, kleine Zellen der Liebe dasein*

können. Trotz dem Nein des Menschen Gott gegenüber beim Sündenfall hat der Herr etwas Liebe in die Welt hineinretten können. Jene Katastrophe hat die Ehe nicht aufgehoben. Gott ist eben Liebe.

Es erstaunt deshalb nicht, wenn die zerstörerischen Kräfte gerade Ehe und Familie angreifen. Hier ein Beispiel aus der Bundesrepublik Deutschland:

»Besonders schlimm ist es, daß planmäßig die Familien und die Schulen so verändert werden sollen, daß die Kinder darin kaum noch Geborgenheit finden. Im ›Zweiten Familienbericht der Bundesregierung‹ wird u.a. verlangt, daß die Kommunen gefördert werden sollen, ›weil sie das Eltern-Kind-Verhältnis aufbrechen‹. Die Frau und Mutter, die ihre ganze Kraft der Familie widmet, wird als ›nicht emanzipiert‹ negativ dargestellt, und die Familie wird als Garant sozialer Ungleichheit angesprochen, die abzuschaffen das Ziel der Familienpolitik sein müsse« (Brennpunkt Erziehung, 1 / Januar 1977).

»Dazu kommt, daß in vielen Schulen die Klassen in verschiedene und wechselnde Arbeitsgruppen aufgelöst werden. Es entsteht kaum noch eine Klassenkameradschaft, und es gibt nur noch selten den Klassenlehrer als festen Beziehungspunkt. Dann ist aber jedes Kind hoffnungslos allein, und schließlich steht jeder gegen jeden. Wie soll ein Kind mit dieser Vereinsamung und Ungeborgenheit fertigwerden?« (Zitat aus: Geschäftsmann und Christ)

Der teuflische Grundgedanke ist eben doch weitgehend der: Man will vermeiden, daß weiterhin Kinder in einer gesunden familiären Liebesumgebung Beziehung zu Gott finden können.

c) Die Gemeinde

Zum dritten Wesenszug Gottes sagt die Bibel in Johannes 4,24:

> »*Gott ist Geist,* und die ihn anbeten, die müssen ihn im Geist und in der Wahrheit anbeten.«

Sie schildert auch die Eigenschaften des Geistes. So sagt 1. Mose 1,1, daß am *Anfang* der Geist Gottes auf dem Wasser schwebte! Auch am Schluß der Bibel finden wir ihn wieder. Das ist ein Hinweis auf das ewige Dasein des Geistes. Es heißt dort in Offenbarung 22,17:

> »Und der Geist und die Braut sprechen: Komm! Und wer es hört, der spreche: Komm! Und wen dürstet, der komme; und wer da will, der nehme das Wasser des Lebens umsonst.«

Gott ist Geist, und *Gott ist ewig. Gerade diesen Wesenszug hat er an Pfingsten der verlorenen Welt sichtbar gemacht, indem er die Gemeinde Jesu ins Leben rief.*

Apostelgeschichte 2 schildert uns die Geburt dieser Institution. Gott schenkte der Welt die Gemeinde Jesu, indem er Joel 3 teilerfüllte und von seinem Geist ausgoß! Sie ist dadurch *ein Brückenkopf Gottes,* aufgerichtet in dieser Welt, hat aber bereits Beziehung zur jenseitigen!

Die Gemeinde Jesu ist die neue Gesellschaft. In ihr finden sich die Menschen, die wiedergeboren sind. Sie leben nach dem Maßstab und den Geboten des kommenden Königs.

Alle diejenigen, die eine neue Menschheit schaffen wollen, kommen zu spät. Durch Gottes Geist geschah das vor bald 2000 Jahren. René Padilla sagt dazu:

> »Die Gemeinde Jesu ist nicht nur Gottes Werkzeug zur Verbreitung des Evangeliums, *sondern auch die neue Gemeinschaft, die die Mitte des weltumfassenden Planes Gottes bildet.«*

Und wären nur zwei oder drei in seinem Namen versammelt, d.h. als kleinste Zelle der Gemeinde, so wirkt der Herr durch sie. Gerade deshalb haben die Glieder der Gemeinde Jesu hier unten große Verantwortung. Wer in der Gemeinde nicht mithilft, der drückt sich um Gottes Auftrag.

Gott ist und bleibt Regent. Er wirkt in die verlorene Welt hinein. Dazu braucht er durch die ganze Weltzeit hindurch den *Staat,* die *Familie* und die *Gemeinde* oder Israel:

Im Moment wird Gottes Reich ganz besonders sichtbar durch die Gemeinde. Sie ist sein Schaufenster. Da wird seine Herrlichkeit sichtbar, da wird das Heil verkündigt!

Mit dem *Staat,* der *Familie* und der *Gemeinde* hat Gott ganz bestimmte Ziele. Trotz Verderben, Sünde und Verlorenheit, trotz Satan und Weltlichkeit (Diesseitigkeit) konnte und kann Gott dieser verlorenen Welt, die ihn ablehnt, mit seinen Wesenszügen als *Licht, Liebe* und *Geist* begrenzt begegnen.

Staat und Familie sind weitgehend diesseitsorientiert, und die Gemeinde greift bereits ins Jenseits hinein. Der Staat soll Ordnung vermitteln, die Familie Geborgenheit und die Gemeinde das Heil.

2. Das Kreuz

Gottes Wesenszüge aber erkennen wir am besten vom Kreuz her. Dort lernen wir ihn wirklich kennen, dort verblutete sein Sohn für uns verlorene Menschen.

- Gott ist Licht, also Gerechtigkeit
Am Kreuz wurde für die Sünde restlos bezahlt. Die Strafe, die die Sündenschuld der ganzen Welt verdient hätte, wurde dort gänzlich auf Jesus Christus gewälzt. Der Ge-

rechte starb für die Ungerechten. Die Bibel sagt in Jesaja 53:

>>Die Strafe liegt auf ihm!<<

Gott mußte sich abwenden. Jesus wurde von ihm verlassen. Und so starb er an unserer Stelle. Freiheit und Gerechtigkeit sind wieder voll erlebbar:

>>Denn nun ihr frei geworden seid von der Sünde, seid ihr Knechte geworden der Gerechtigkeit<< (Röm 6,18).

Gott kann vom Kreuz her völlig vergeben. Dies ist nicht nur >>ein Auge zudrücken<<. Nein, rechtlich ist bei jedem, der sich in Buße und Bekehrung an Jesus wendet, alles in Ordnung!

- Gott ist Liebe

Besser als am Kreuz kann man das nicht und nirgends erkennen:

>>Denn also hat Gott die Welt geliebt, daß er seinen eingeborenen Sohn gab, auf daß alle, die an ihn glauben, nicht verloren werden, sondern das ewige Leben haben<< (Joh 3,16).

Das Liebesverhältnis Mann-Frau wird einst anders aussehen. In der neuen Welt wird vieles neu gestaltet sein. Die Familienliebe wird nicht mehr den Stellenwert von hier unten haben. *Die Liebe Gottes ist aber in Ewigkeit vom Kreuz her garantiert.*

- Gott ist Geist, Gott ist ewig!

Im Sterben Jesu erkannte man, daß Jesus Gottes Sohn war (Mark 15,39). Ja, man hörte ihn rufen:

>>*Vater,* ich befehle *meinen Geist* in deine Hände<< (Luk 23,46).

Es ging um ewige Werte und Wahrheiten. Man erkannte, daß er ewiges Leben hat. Obwohl sein Körper starb, sagte er zum Schächer in Lukas 23,43:

> »Wahrlich, ich sage dir: Heute wirst du mit mir im
> Paradiese sein.«

Auf Golgatha ist die Ewigkeit in ganz besonderer Weise
der Welt begegnet. Das ewige Leben wurde erlebbar.
Einem Übeltäter, dem Jesus begegnete, wurde es ge-
schenkt.

Wer einmal seinen verlorenen Zustand gesehen und
anerkannt hat, der darf sich an Jesus wenden. Eine Bekehrung zu ihm hin muß einen Hilfeschrei, ein Gebet,
beinhalten. Dieses muß von Herzen kommen und kann
folgenden oder ähnlichen Inhalt haben:

> »Herr Jesus Christus, ich *bekenne,* daß ich in Ge-
> danken, Worten und Taten gesündigt habe. Mei-
> ne Sünden haben mich von Gott getrennt. Ich be-
> reue sie, wende mich von ihnen ab und bitte dich
> um Vergebung und Erlösung.
>
> Ich *glaube,* daß du durch deinen Tod am Kreuz für
> meine Schuld bezahlt und die Strafe erlitten hast,
> die ich verdient hätte. Nur du kannst mir helfen!
> So wie ich bin, als Verlorener, *komme* ich jetzt zu
> dir und nehme dich als Gabe Gottes an. du bist der
> Weg zu ihm und gibst ewiges Leben. Sei du nun
> mein Herr. Hilf mir, daß ich mich deiner nicht
> schäme. Ich habe die Kosten der Nachfolge über-
> schlagen. Amen.«

Damit unsere jungen Leute Jesus erleben können, d.h.
die Bekehrung, die Wiedergeburt und ein ihn ehrendes
Leben, müssen ihnen die Erzieher helfen, ein rechtes
Verständnis von Staat, Familie und Gemeinde zu haben.
Am besten ist es, wenn sie das in der Praxis vorgelebt bekommen. Dies geschieht, wenn sie geborgen in einer
christlichen Familie aufwachsen können, die zu einer le-
bendigen Gemeinde gehört, und beide eine gesunde Ein-

stellung zum Staat haben. Überall wo diese Voraussetzungen ganz oder zum Teil fehlen, wird es der junge Mensch schwieriger haben, den Glaubensweg zu finden. Aber auch hier gilt: bei Gott ist kein Ding unmöglich, und er geht dem Verlorenen nach.

3. Gemeinde, Familie, Staat und Ehe

Wo eine biblische Einstellung zu Gemeinde, Familie und Staat vorgelebt wird, da bekommt der junge Mensch eine gesunde Sicht und Einstellung zur Ehe.

Anläßlich von Gemeindefeiern hat das Kind gemerkt, daß auch Eltern anderer Kinder die *Gemeinde* lieben und dort Geborgenheit, Glaubensstärkung und Gemeinschaft finden.

Das Kind hat ferner miterlebt, daß es am Hochzeitstag eines Brautpaares eine gottesdienstliche Trauung gibt. Es ist ihm bewußt geworden, daß ein Eheanfang irgendwie im Miteinander mit der christlichen Gemeinde geschieht. Die Gemeinde soll um diese neue Familiengründung wissen, sie soll für das Hochzeitspaar betend einstehen, und sie darf an diesem Freudentag im Idealfall im Rahmen der Trauung *das gegenseitige Jawort der Neuvermählten vor Gott* miterleben. Wo kann das sonst besser sichtbar gemacht werden als in der Gemeinde, daß Gott der Zusammenfüger ist und die Ehe grundsätzlich von seiner Verheißung, Bewahrung und Planung lebt. Eine Ehe nicht bewußt unter Gottes Segen stellen ist ein fragwürdiges Unternehmen. Das einzelne Paar muß sich das selber überlegen, da ja nicht die Gemeinde die sich Liebenden verheiratet. Das glaubende Paar teilt seiner Gemeinde mit, daß es nun zusammengehört und von Gott Hilfe und Segen erbittet. Walter Köhler sagt zu dieser privaten Seite des ehelichen Zusammengehens im Buch »Intim vor der Ehe«:

> »Richtig ist auch« (im Gegensatz zu den fest verankerten öffentlich-rechtlichen Eheordnungen), *»daß die Ehe einen hohen privaten Charakter besitzt.«*

John P. W. Stott formuliert das so:

> »Die Ehe beruht auf einer *gegenseitigen* bedingungslosen Verpflichtung *eines Mannes und einer Frau.«*

Das gegenseitige Ehe-Ja bekommt aber erst durch die standesamtliche Trauung juristische Verbindlichkeit. Mit Hilfe des gleichen Gesetzgebers kann man jedoch nicht nur heiraten, sondern auch wieder scheiden. Gerade dies ist ein Grund, weshalb das gläubige Paar die Ehe nicht nur vor dem Standesamt, sondern ebensosehr in Gottes Gegenwart beginnen will. Es geht ja um ein Ja, das lebenslänglich Gültigkeit haben soll. Dazu brauchen wir Gottes Hilfe. —

Die beste Ehevorbereitung geschieht in der *Familie*. Damit die Kinder im Leben den Weg finden, muß eine Erziehung zum Glauben hin geschehen. Dazu müssen die Erzieher den Nachkommen glaubend vorangehen. Nur bloße Theorievermittlung ist zu wenig. Wer Gott vertrauen kann und will, der hat bestimmt auch schon einem Menschen vertrauen können. Wer die Liebe Gottes so richtig erlebt, der hatte sehr wahrscheinlich irgendwo in seinem Leben jemanden, der ihm vorlebte, was Liebe ist. So wie aber Gottes Liebe nicht ohne Härte ist, so wissen liebende Eltern um den Satz: »Bis zu diesem Punkt und nicht weiter!«

Liebe setzt Grenzen. Liebe erstickt das Kind nicht in Verwöhnung. Das Kind muß lernen, Dinge, die es selber tun kann, auch selber zu machen. Es soll zu einem Menschen heranwachsen, der es wagt, seine eigene Persönlichkeit zu stellen.

An unserem Hochzeitstag sagte der Schwiegervater zu mir: »Ab sofort mische ich mich nicht mehr in eure Angelegenheiten. Ihr müßt jetzt den Weg selber finden. Wohl bleibe ich Vater meiner Tochter, aber du mußt nun die volle Verantwortung übernehmen, daß sie sich bei dir wohl fühlt und geborgen ist.« Zur Ehre meines Schwiegervaters kann ich sagen, daß er durch all die Jahre hindurch voll zu seinem Wort gestanden hat. Als reifer Christ hat er es verstanden, seine Kinder ausfliegen zu lassen. In der christlichen Erziehung wissen die Eltern um folgende drei Punkte:

a) Die Verbindung zum Kind

Es soll sich von den Eltern angenommen und geliebt wissen. Die verschiedenen Lebensabschnitte, auch die Pubertät, sind nicht als etwas Teuflisches anzusehen. Es ist wichtig, daß man sich in allen Phasen, vor allem aber in der letztgenannten, nicht vom Kind Maßstäbe setzen läßt. Vielleicht muß man ihm einmal in aller Ruhe sagen: Wenn du dieses oder jenes so siehst oder willst, also gut, aber für mich sind deine Vorstellungen und Ansichten nicht verbindlich.

b) Die Verbindung zu Gott

Ohne diese Voraussetzung, selber mit Gott in Glaubensverbindung zu stehen, ist eine gottgewollte Erziehung nicht möglich.

c) Die Verbindung des Kindes mit Gott

Das ist das Ziel unserer Erziehung. Wo dieses Ziel fehlt, kann nicht von christlicher Erziehung gesprochen werden.

Von diesen Verbindungen her lernt das Kind, was Liebe ist, und daß es Grenzen gibt. Es sieht beim Vorbild, daß ein Leben mit Gott das einzig Richtige ist, und wird seinerseits diesen Weg auch suchen. Das geschieht nie automatisch. Es kann sein, daß das Suchen erst nach der Jugendzeit einmal einsetzt. Auf jeden Fall ist es Gnade, und gerade deshalb sollten wir uns nicht allzuviel einbilden, wenn sich eines unserer Kinder bekehrt. Das aber schließt nicht aus, daß wir die volle Verantwortung tragen, dem Kind Glauben vorzuleben. Wo das geschieht, gibt es echte Hoffnung. Der erste Wein, der in ein neues Faß gegossen wird, gibt diesem den inneren Geschmack, der durch nichts mehr herausgewaschen oder übertönt werden kann. So ist es auch mit den Herzen unserer Kinder. Wo lebendiger Glaube vorgelebt und ins kindliche Herz hineingeliebt wurde, da kann nicht so schnell ein anderer Geschmack die Oberhand gewinnen.

Lebendiger Glaube lebt aber auch in echter Liebe. Das gibt dem Kind die Voraussetzung, selber einmal eine harmonische Liebesbeziehung aufzubauen. Gesunde Ehen fangen in gesunden Familien an. Grundsätzlich kann man nur dann lieben, wenn man selber geliebt wurde. —

In unserer Kultur geschieht die offizielle Eheschließung vor dem Standesamt. Grundsätzlich hat damit der *Staat* auch die Pflicht, die Ehe in Schutz zu nehmen. Für einen Christen ist damit der zu gehende Weg klar. Gott will Ordnung, und es ist des Erziehers Pflicht, den Jugendlichen vorzuleben und zu sagen, daß Probeehen unbiblisch sind und daß für ein eheliches Zusammengehen das Standesamt nicht umgangen werden kann. Das wäre nur dann der Fall, wenn sich eine andere Instanz das Recht nehmen könnte oder müßte, eine Ehe von der Gesellschaft her öffentlich anzuerkennen und die gegenseitig durch den Ehebund getroffene Verbindlichkeit dieser gegenüber voll und zu Gunsten der Verheirateten zu schützen.

V. Handlungs-Motive und Vorangehen — beides wird dem Nächsten (Jugendlichen) Hilfe oder Hindernis sein

1. Die Selbstvergötterung des Menschen und vergötterte Athleten als verführerische Leitbilder

a) *1. Mose 11, 1-9: Der Turmbau und die Zerstreuung zu Babel*

> 1. *Es hatte aber alle Welt einerlei Zunge und Sprache.*
> 2. *Als sie nun nach Osten zogen, fanden sie eine Ebene im Lande Sinear und wohnten daselbst.*
> 3. *Und sie sprachen untereinander: Wohlauf, laßt uns Ziegel streichen und brennen! — und nahmen Ziegel als Stein und Erdharz als Mörtel*
> 4. *und sprachen: Wohlauf, laßt uns eine Stadt und einen Turm bauen, dessen Spitze bis an den Himmel reiche, damit wir uns einen Namen machen; denn wir werden sonst zerstreut in alle Länder.*
> 5. *Da fuhr der Herr hernieder, daß er sähe die Stadt und den Turm, die die Menschenkinder bauten.*
> 6. *Und der Herr sprach: Siehe, es ist einerlei Volk und einerlei Sprache unter ihnen allen, und*

dies ist der Anfang ihres Tuns; nun wird ihnen nichts mehr verwehrt werden können von allem, was sie sich vorgenommen haben zu tun.

7. *Wohlauf, laßt uns herniederfahren und dort ihre Sprache verwirren, daß keiner des andern Sprache verstehe!*

8. *So zerstreute sie der Herr von dort in alle Länder, daß sie aufhören mußten, die Stadt zu bauen.*

9. *Daher heißt ihr Name Babel, weil der Herr daselbst verwirrt hat aller Länder Sprache und sie von dort zerstreut hat in alle Länder.*

Durch ein großes Bauwerk, dessen Erstellung *Gott* verordnet hatte, wurde die Menschheit und die Tierwelt vor der Vernichtung gerettet. Ein gigantisches Schiff nahm die Familie Noah und viele Tierpaare auf. So konnte die Errettung durch die Sintflut hindurch geschehen.

Bei dem Turmbau zu Babel dachte man sicher an den gewaltigen Bau der Arche Noahs. Warum sollte man Noah nicht als Vorbild nehmen und wieder einmal etwas Großes wagen! Nur übersah man, daß hinter der Arche Gott stand und hinter dem Turmbau nur der Mensch.

Mit dieser Bauerei wollten sie sich zu Babel einen Namen machen. Sie mußten aber aufhören, den Turm und die Stadt zu bauen. Es war Gott, der Bauunterbrechung und Verwirrung zuließ. Er läßt seine Ehre nicht andern. Durch Selbstverherrlichung kommt der Mensch nicht ans Ziel. Was er sich damit einbrockt, ist Untergang, Gericht und Verderben. Der Turmstummel zeugt davon.

b) *Verneigung der kanadischen Jugend vor den Athleten der Welt*

Es war im Juli 1976, Eröffnung der Olympischen Spiele in Montreal. Damals hat es unter ähnlichen Umständen eine fast gleiche zweite Turmgeschichte gegeben.

Wenn sie wenigstens ihre Schuhe hätte ausziehen dürfen, die arme Königin. Eine Stunde und zweiundzwanzig Minuten lang harrte sie aus und ließ das Heer der 7 000 Athleten an sich vorüberziehen. Sie biß auf die Zähne. Zweimal setzte sie sich kurz auf ihren Stuhl, nur für Sekunden. Bei der nächsten Mannschaft stand sie schon wieder auf den schmerzenden Füßen. Das war aber nicht alles. Bei der Eröffnung stand die englische Königin, nach ihrer Ansicht wenigstens, auf eigenem Grund und Boden. Sie mußte aber zuerst französisch reden und erst nachher in ihrer Muttersprache. Sie sprach ja zu »Franzosen« inmitten ihres Reiches in Kanada.

Außer der Königin gab es noch andere, die das Gesicht verzogen, die sich auf die Zähne bissen.

Beim Bau der Pyramiden, die als olympisches Dorf dienten, sprach man in Montreal offen von einem Skandal. Der Prozeß um diese Bauten begann drei Tage nach der Schlußfeier. Das Vorgehen beim Vergeben der Arbeiten erstaunte Fachwelt und Laien. Sparsamkeit wurde weder beim Planen noch nachher ernst genommen. Man ist mit Steuergeldern umgegangen, als könnte man sie massenweise aus dem St.-Lorenz-Strom schöpfen. Uneinigkeit, Kostenübersteigung, persönlicher Ehrgeiz, Verschlagenheit und Lüge spiegelten sich schon während der Bauzeit in wilden und organisierten Streiks.

Dann wurde der amtierende Bürgermeister aus dem Organisationskomitee hinausgeworfen. Olympia war krank.

Dieses Kranksein erfuhren die 72 000 Zuschauer besonders gut beim Einmarsch der Athleten ins Stadion. Winkend und mit den leuchtenden Farben ihrer Kleider vertuschten sie Olympias Grimasse. Sie lachten; vor der Tür aber weinten andere.

Zwei Dutzend Mannschaften, rund 1 000 Athleten, fehlten im bunten Heer.

Zwei Drittel vom schwarzen Afrika waren grollend vor den Toren geblieben. Zwei Kontinente, Afrika und Asien, hatten nur ihre besseren Reste geschickt.

Die Afrikaner haben gekniffen, weil sie die Neuseeländer draußen haben wollten. Und die Chinesen fehlten, die 800 Millionen roten vom Festland und die 15 Millionen von der Insel Taiwan, weil sie ihre politischen Bruderfeindseligkeiten bis ins IOC hineingezogen hatten. Die Politik hatte gegen Olympia einen Sieg errungen, noch bevor die ersten Spieler sich im Wettkampf gemessen hatten.

Dann war da das Schauspiel auf dem Höhepunkt des Festes. Es war gefährlich beeindruckend, ekstatisch schön, fatal und romantisch zugleich: *In der Mitte, auf erhöhtem Podest, das lodernde Feuer, darum herumgeschart die Athleten, beides umkreist von 1 164 Jungen und Mädchen in turnerisch-träumendem Tanz. »Verneigung der kanadischen Jugend vor den Athleten der Welt«, so hieß der Reigen.* An diesem Altar des 20. Jahrhunderts gaben sich 72 000 dem wohligen Schauder einer Handlung hin, die das Spiel zum Mythos erhob. Man umtanzte klingende Namen. Namen, die man öffentlich noch nicht alle kannte, die aber in den nächsten Tagen zum Fetisch wurden. Bald sollte alle Welt von ihnen, wenigstens von den besten, reden.

Gleich neben dem modernen Sport- und Festlichkeitszentrum stand das Mahnmal. Ein pompöser Turm sollte eigentlich die Bauwerke krönen. An ihm hätte das Dach des Stadions hängen sollen. Statt dessen reckte sich für die Spiele nur ein stumpfer Stummel in die Luft. Daneben warteten noch aufgestellte Baukräne — der Bau war abgeblasen worden. Der Stahl ragte aus dem Stumpf des unvollendeten Turms. Es sah aus wie ein abgebrochener Zahn — ein merkwürdiges Symbol.

c) *Ein Vorbild soll auf göttliche Maßstäbe hinweisen*

Wo sich der Mensch selber aufs Podest stellt, um sich einen Namen zu machen wie beim Turmbau zu Babel, da kann vielleicht die halbe Welt zum Mit- und Nachmachen gewonnen werden, aber Gott wird Einhalt gebieten. Wo man Olympias Athleten als oberste Leitbilder nimmt und sich abgöttisch vor ihnen verneigt und ihnen huldigt, da ist man zu weit gegangen, da muß man sich nicht wundern, wenn ein Turm nicht fertig gebaut werden kann.

Jeder Mensch prägt auf irgendeine Art seine Umgebung. Deshalb müssen wir uns fragen: Was ist unsere Zielrichtung? Entweder hilft unser Dasein anderen Menschen zu einem gottgefälligen Leben oder aber zieht sie mit in die falsche Richtung, dem Verderben zu. Wegen der Schriftgelehrten und Pharisäer sagte Jesus zu dem Volk:

> »Alles nun, was sie euch sagen, das tut und haltet;
> aber nach ihren Werken sollt ihr nicht tun; sie sagen's wohl, und tun's nicht« (Matth 23,3).

Ihr Leben und ihre Werke waren also nicht nachahmenswert.

Gottes Wille ist, daß wir Vorbilder sind, die auf Jesus hinweisen. Eine dieser biblischen Stellen finden wir in 1. Petrus 5,2-4:

2. »Weidet die Herde Gottes, die euch befohlen ist, nach Gottes Willen, nicht gezwungen, sondern willig; nicht um schändlichen Gewinnes willen, sondern von Herzensgrund;

3. nicht als die über die Gemeinden herrschen, sondern werdet Vorbilder der Herde.

4. So werdet ihr, wenn erscheinen wird der Erzhirte, die unverwelkliche Krone der Ehren empfangen.«

Hier werden vor allem Gemeindeverantwortliche angesprochen.

In diesem Punkt haben aber auch Eltern gegenüber den Kindern eine große Verantwortung.

Gerade weil Kinder vieles und alles nachahmen, wird der folgende humoristische Satz immer wieder zu hören sein:

»Alle Erziehung nützt endlich doch nichts, sie machen einem doch alles nach!«

Wo aber Kinder und Jugendliche echte christliche Vorbilder hatten, da werden auch sie früh schon selber Vorbilder sein. Paulus hat das einem seiner jungen Mitarbeiter sehr ans Herz gelegt, selber Vorbild zu sein (1. Tim 4,12).

Junge Menschen sind offen für jugendliche Vorbilder. Die ganze heutige Musikszene beweist das. Es stimmt die gläubige Gemeinde sehr nachdenklich, zu sehen, wie fast eine ganze junge Generation von äußerst fragwürdigen, oft okkult durchtränkten Rock-Musik-Idolen in die Gefolgschaft genommen wird.

Es gibt aber auch eine Jugend, die in der Nachfolge Jesu steht. Je nachdem ihr die älteren Gemeindeglieder Vorbilder waren, wird sie es leichter oder schwerer haben, selber überzeugendes Vorbild zu sein.

2. Sulamith — ein vorbildlich in unsere Zeit hineinleuchtendes Jugend-Modell

a) *Eine der allerschönsten Liebesgeschichten — das Hohelied*

Mitten in der Bibel finden wir ein packendes Buch über die Liebe zwischen Mann und Frau, zwischen Braut und Bräutigam.

Beim ersten Lesen dieses Buches haben wir uns vielleicht verschiedene Fragen gestellt:
- Ist es ein *Liebeslied?*
- Ist es ein *Hochzeitslied?*
- Ist es ein *Drama?*
- Ist es eine *Allegorie?*
- Soll man einen *symbolischen Inhalt* suchen hinter den rätselhaften Worten?
- Was bedeuten die *verschiedenen Personen?*
- Was wollen uns, die wir Christen im 20. Jahrhundert sind, diese Worte jetzt mitteilen?
- Was tut dieses Buch überhaupt in der Bibel?

Schon im dritten Vers singen die Jungfrauen Salomos: »...darum lieben dich *die Jungfrauen.*« Dann in Vers 4: »Zieh mich dir nach, so laufen *wir!*« Meint dieses Lied wirklich die Liebe eines Mädchens, das inmitten eines Harems lebt? Wird hier tatsächlich die Liebe eines Mannes besungen, der mehrere Frauen hat?

Wäre das nicht gegen den Sinn von 1. Mose 2,24: »ein Mann, eine Frau!« Wäre das nicht gegen die Wiederholung der angeführten Worte durch Jesus Christus im Neuen Testament?

Damit das Hohelied in möglichst vielen Aspekten zu uns reden kann, ist es gut, einmal zu versuchen, die höchstwahrscheinlich darin enthaltene Geschichte herauszufinden.

Bei dieser Analyse lautet eine der ersten Fragen:

Wie viele Personen kommen darin vor?

Im weiteren fragt man sich:

Wer sind die Hauptpersonen?

Für das Hohelied sind diese Fragen nicht einfach.

Es gibt viele Ausleger, die sehen zwei Hauptpersonen:

Salomo und Sulamith!

Hinter diesen zwei Personen liest und sieht man dann folgende Auslegemöglichkeiten:

1) Rein textlich und wörtlich übertragen:
Die Freuden der Braut- und Bräutigamszeit sowie ein Lied auf die eheliche Liebe.

Ganz bestimmt, das Hohelied besingt diese Liebe! Es besingt die Schönheit des Sichliebens und das Geheimnis des göttlichen Geschenkes in bezug auf die körperliche Eheliebe.

Es besingt *die Liebe durch dick und dünn, die sich bewährende Liebe,* nicht nur jene vom Augenblick. Anders gesagt: die Treue!

Im übertragenen Sinn werden dabei auch folgende Auslegungen gegeben:

2) In Anbetracht von Hosea 2,21-22 wird des Herrn Liebe zu dem frommen Überrest aus dem Volk Israel besungen.

Der König wird zum Herrn und die Braut zu dem er-wähnten Überrest.

3) Dieses Bild läßt sich dann natürlich leicht übertragen auf *Christus und die Gemeinde.*

Es gibt viele Bücher und Kommentare, die in dieser Richtung gehen. Dadurch wurden immer wieder Gläubige ermuntert und gesegnet.

4) *Man kann aber im Hohenlied versteckt eine dramatische Liebesgeschichte sehen, die die biblischen Linien einer Braut-Bräutigam-Beziehung wunderbar aufleuchten läßt.*

Es gibt eine Auslegung von F. Godet, die im Hohenlied nicht nur zwei, sondern *drei Hauptpersonen* anerkennt, d.h.:

- *Salomo,* den König,
- *Sulamith* und
- den *Hirten!*

Das junge, schöne Mädchen ist die Braut des Hirten, und sie bleibt ihm treu, obwohl der große und reiche König alles versucht, sie für sich zu gewinnen.

Ein wichtiger Abschnitt dieser Auslegung ist Kap. 6,11 + 12!

Sie ging, um zu schauen, *ob der Weinstock sproßte!*

Was ist dann passiert? Sie kann es selber nicht fassen und verstehen. *Sie sah den königlichen Umzug mit dem Monarchen herankommen. Da entführte sie dieser in den Königspalast, weil sie ihm gefiel.*

Sie war vielleicht etwas zu vorwitzig gewesen. Vers 12 geben verschiedene Übersetzer so wieder (je nach Übersetzung Vers 11):

> Luther 1912: »*Ich wußte nicht, daß meine Seele mich gesetzt hatte zu den Wagen Ammi-Nadibs!*«
> (Seele könnte Gefühlsregung und -leben bedeuten.)

Darby: »Ohne daß ich mich umsah, brachte mich meine Seele aus freiem Willen auf die Wagen von meinem Volk!«

Second: »Ich weiß nicht, aber mein Wunsch (Begierde) hat mich den Wagen meines noblen Volkes gleichgeschaltet!«

In drei Akten versucht der König, die Hand des Mädchens für sich zu gewinnen.

1. Akt
Sulamith wird in den Palast genommen, sie, die im Weinberg nachschauen wollte. Im Palast mußte sie dann sagen:

>»Meinen eigenen Weinberg habe ich nicht behütet!« (Kap. 1,6)

So kommt es, daß sich am Anfang des Buches Sulamith mit den Mädchen des Königshofes unterhält. Kap. 6,8 sagt:

>»60 sind der Königinnen und 80 der Kebsweiber, und der Jungfrauen ist keine Zahl!«

Inmitten dieser Frauen hört Sulamith, wie diese in Kap. 1, 2-4a die Liebe des großen Königs rühmen.

In den Versen 4b-6 sieht sie ihre schwierige Situation. Sie wurde bis in des Königs Kammer geführt. Sie ist am Hof — im Harem.

Dazu kommt in Vers 7 ihr Seufzen nach dem geliebten Hirten.

Sulamith sagt es nachträglich in Vers 12, daß der König hereinkam, sie zu umwerben.

Ja, er versucht mit schmeichelnden Worten (Verse 9-10) und mit Geschenkversprechen (Vers 11) die kleine Dörflerin zu gewinnen und zu überreden.

Sie läßt sich aber in ihrer Liebe nicht erschüttern. Sie bleibt dem abwesenden Hirten treu. Sie erzählt die Erinnerungen ihrer Zusammenkünfte und träumt, daß der innig Geliebte sie sucht (z.B. Kap. 5,2). Dann träumt sie wieder, daß sie ihn sucht (z.B. Kap. 3,1). *Sie bleibt ihm treu!*

2. Akt

Salomo drängt das Mädchen. Dieser Abschnitt spielt sich nun außerhalb des Palastes ab.

Der Kampf in seiner ganzen moralischen Größe geht weiter. Das Mädchen steht zwischen zwei Rivalen.

Auf der einen Seite ist der König in seiner Größe, in Macht und Glanz.

Auf der andern Seite ist der Hirte, arm, einfach und ohne glänzendes Drum und Dran.

Jener ist sichtbar und werbend um das Mädchen herum, sie ist sogar seine Hofgefangene geworden. Dieser ist entfernt und machtlos.

Der erste verspricht schmeichelnde Geschenke, und doch bleibt Sulamith dem zweiten treu. *Wäre dieser nicht total abwesend, so wäre der ganze Kampf des Mädchens nicht der Modellkampf der Treue.*

Salomo führt das Mädchen im Umzug durch die Stadt Jerusalem. Die Einwohner bewundern Sulamith.

Es ist eine Art Einholung der Braut, die hier in Szene geht. Alle sind aufgemuntert zur Bewunderung. Dies beschreibt Kap. 3,6-11.

Dieser prachtvolle Umzug, ja Brautzug, soll den Widerstand des Mädchens brechen. Der König versucht alles, sie zu verführen. In Kap. 4,1 beschreibt er ihre Schönheit.

Sulamith aber gibt nicht nach und fällt erneut, wie in Kap. 2 und 3, in eine Art Ekstase. Sie ruft aus (Kap. 5,2):

»*Ich schlafe, aber mein Herz wacht.*«

In ihrem Traum spricht der Geliebte zu ihr.

Beim Aufwachen wirbt Salomo ein letztes Mal um das Mädchen, er will es überwinden und seine Liebe gewinnen. Er verspricht ihr sogar:

»*Eine* ist meine Taube...«

und nicht all die andern (Kap. 6,8-9).

In Kap. 6,11-12 versucht Sulamith, sich in Erinnerung zu bringen, wie sie an den Königshof kam. Zugleich quellen die letzten Liebesbezeugungen des Monarchen aus dessen Herzen. Er vergewaltigt das Mädchen nicht, er möchte sie für ein *Liebes*verhältnis gewinnen. Ihm ist klar, daß erzwungene Liebe keine Liebe ist. Da fällt ihm Sulamith leidenschaftlich ins Wort und erklärt:

»*Meinem Freund gehöre ich*« (Kap. 7,11).

Der König sieht seine Niederlage ein und gibt ihr die Freiheit. Sulamith kann rufen:

»*Komm*, mein Freund...« (aus Kap. 7,12).

3. Akt
Dieser beschreibt den Triumph nach dem Kampf:
- Sulamith kehrt in ihr Dorf zurück! Sie kommt aus der »Wüste«, *gestützt auf ihren Freund* (Kap. 8,5a).
- Sie hat ihn unter einem Apfelbaum gefunden (Kap. 8,5b).
- Sie besingt die Liebe:

»Denn Liebe ist stark wie der Tod...
eine Flamme des Herrn!« (aus Kap. 8,6)

Hier ist ein Schwerpunkt des Hohenliedes.

Es geht um die Liebe, die Gott der Herr will und gibt. Es geht um die Liebe, die vom Herrn ist.

Sulamith sagt weiter:

»*Wenn einer alles Gut in seinem Hause um die Liebe geben wollte, so gälte es alles nichts!*« (Kap. 8,7b)

Salomo wollte für Sulamith alles geben, und doch galt es nichts.

Gegen den Schluß spricht der geliebte Hirte. Es ist das einzige Mal, wo wir ihn hören (Kap. 8,13). Er wünscht von seiner Braut ein Lied für seine Freunde.

Nachher bittet sie ihn:

»Flieh, mein Freund…« (Kap. 8,14a).

Wie wenn sie sagen wollte: Wir dürfen unsere innersten Träume jetzt noch nicht wahr werden lassen. Den Treuetest haben wir bestanden, jetzt wollen wir noch genügend Distanz zueinander einhalten, bis wir dann endlich verheiratet sind.

b) *Sulamith, die treue, ruft in unsere Zeit hinein*

Die Leute Salomos oder er selber haben bei einer Wagenfahrt die schöne Sulamith mitgenommen. Im königlichen Palast wurde sie vom Monarchen umworben. Er versuchte, ihre Liebe mit Worten und Geschenken zu gewinnen. Er wollte in ihr eine Entscheidung herbeiführen, damit sie sich ihm aus »freien Stücken«, aus Liebe, gebe.

In Kap. 2,7 werden die andern Frauen angesprochen:

»Ich beschwöre euch, ihr Töchter Jerusalems … daß ihr die Liebe nicht aufweckt und nicht stört, *bis es ihr selbst gefällt.*«

Sie aber blieb ihrem armen Hirten treu, den sie rein und innig liebte. Sie ließ sich nicht von Salomo betören.

Ohne dieses Erlebnis hätte Salomo wahrscheinlich nie die Gedanken bekommen, das Hohelied zu schreiben. Diese Geschichte hat seinen Geist angeregt, ja, die tiefsten Gründe seines Gewissens, um das herrliche Lied zu dichten! —

Sulamith könnte ein verliebtes Mädchen der heutigen Gemeinde Jesu sein. Ihr Vorbild hilft vielen gläubigen Töchtern unserer Zeit

- selber Vorbild für ein gesegnetes Verliebtsein und Freundschaftsverhältnis zu sein;
- gegenüber der »freien Liebe« ein klares Nein zu haben;
- außer einer Ein-Ehe keine ehelichen Beziehungen zu bejahen und
- Keuschheit bis zur Hochzeit als biblische und glücklichmachende Norm anzuerkennen!

Der Herr segnet solche Vorbilder und ruft Verirrte gnädig in seine Vergebung zurück, indem er sagt: »Sündige hinfort nicht mehr!« (aus Joh 8,11).

VI. Zusammenleben ohne Trauschein — ist das wirklich die Lösung?

1. Was denken viele von der Partnerschaft ohne Ehe?

a) *In der breiten Öffentlichkeit an der Tagesordnung*

Bei einer Umfrage unter 557 Ehepaaren in Genf hat man festgestellt, daß 65 Prozent von ihnen vor der Ehe eine Lebensgemeinschaft pflegten. Aufgrund der letzten Volkszählung wird in der Schweiz die Zahl der Paare, die im Konkubinat miteinander leben, auf mindestens 100 000 geschätzt. Das sind, gerechnet auf die 1 631 966 Familienhaushalte, immerhin 6,13 Prozent.

Viele dieser trauscheinlosen Partnerschaften münden im Zusammenhang mit der Geburt eines Kindes in eine Ehe ein. Die Zahl der Paare, die durch die Ankunft eines Kindes nicht heiraten, ist eher klein.

Viele junge und immer mehr auch ältere Paare wollen sich nicht mehr zu eng binden und gehen deshalb keine Ehe ein. Sie umgehen den Gang zum Standesamt und bevorzugen eine nur eheähnliche Verbindung. Das »neue Versprechen« lautet:

> »Solange es mit der Liebe klappt« und nicht,
> »bis der Tod uns scheidet«!

Diese »inoffizielle Ehe« wird heute, durch ein verändertes Moralverständnis begünstigt, in breiten Bevölkerungsschichten immer mehr toleriert und akzeptiert. Trotzdem war Ende 1984 in der Schweiz das Konkubinat in den Kantonen Uri, Nidwalden, Thurgau, Schwyz, Appenzell-Innerhoden, Glarus und Wallis gesetzlich noch verboten.

Im Zusammenhang mit der Verbreitung des Konkubinats als neue Lebensform tauchen immer mehr rechtliche Fragen auf. Die Probleme in den »fast-ehelichen« Beziehungen unterscheiden sich meistens kaum von denen verheirateter Paare. Nun ist es aber so, daß der Staat für die Ehe und ihre Auflösung Gesetze und Regeln ausgearbeitet und als verbindlich erklärt hat. Demgegenüber leben die Konkubinatspaare in einem weitgehend ungeschützten Verhältnis. Das Konkubinat wird als Privatangelegenheit betrachtet, der Staat soll sich da nicht einmischen. Da aber die Partnerschaft ohne Ehe ebenso wie eine Ehe in Krisen führen kann, wird immer mehr empfohlen, die mit Rechten und Pflichten verbundene Lebensgemeinschaft in einem sogenannten Konkubinatsvertrag festzulegen. Dieser erfüllt seinen Zweck nur dann, wenn er auf die individuellen Verhältnisse und Bedürfnisse eines Paares abgestimmt wird. Oft holen sich die Partner dabei Rat und Hilfe durch Heranziehen vorhandener Musterverträge oder das Befragen einer juristischen Fachkraft.

Man hat festgestellt, daß tiefgreifende Schwierigkeiten auf der materiellen Ebene während des Zusammenlebens oder bei einer etwaigen Trennung nur dann einigermaßen zufriedenstellend beseitigt werden können, wenn ein Vertrag die Zuständigkeiten klar umschreibt. In vielen schweizerischen Konkubinats-Verhältnissen wird das wie folgt abgemacht:
- Im Verhältnis zum Einkommen werden die Wohngemeinschaftskosten wie Miete, Heizung, Wasser, Strom, Haushaltsversicherung, Nahrung, gemeinsame Ferien usw. gerecht aufgeteilt. Die Beiträge kommen

in eine gemeinsame Haushaltskasse, aus der dann diese Auslagen bezahlt werden.

- Jeder einzelne kommt für die eigenen Steuern, Versicherungen, Kleider und Freizeitausgaben auf.

- Die Hausarbeiten werden zu gleichen Teilen von beiden Partnern erledigt. Wird dabei aber der eine stärker belastet, so hat er Anspruch auf eine angemessene Entschädigung.

- Die Frage des gemeinsamen Besitzes wird verschieden gehandhabt. Wenn von Anfang an auf getrennten Besitz geachtet wird, so haftet keiner für unbeglichene Rechnungen des andern. Auch bei einer etwaigen Trennung wird das Teilen der Besitztümer einfacher. Wird aber gemeinsamer Besitz angelegt, verwaltet und benutzt, so dürfen diese Gegenstände nicht ohne Einverständnis des andern veräußert werden.

- Beim Bezug der gemeinsamen Wohnung wird für jeden Partner ein Inventar erstellt und gegenseitig unterschrieben. Weitere Anschaffungen gehören dem, auf dessen Namen die Rechnung lautet.

- Der Mietvertrag wird auf beide Namen abgeschlossen. Dadurch werden beide für den ganzen Mietzins haftbar, haben aber auch bis zum Ablauf der Kündigungsfrist in der Wohnung unbeschränkt das Zutritts- und Verbleibrecht.

- Es wird vereinbart, daß ein Arzt gegenüber beiden Partnern Auskunft geben kann und daß jeder bei Spitalaufenthalt des andern das Besuchsrecht hat.

- Bei gemeinsamem Eigentum oder Vermögen können sich die Konkubinatspartner in einem Testament gegenseitig als Erben bestimmen, indem sie die Verwandten auf den Pflichtteil setzen.

Ein solcher Vertrag regelt vor allem die materiellen und rechtlichen Verhältnisse zwischen den Partnern. Die zwischenmenschlichen Probleme kann er aber nicht lösen. Und wenn aus dem Zusammenleben ohne Trauschein eine »Konkubinatsfamilie« wird, dann sind viele bereit, doch zu heiraten. Andere aber erwarten, daß der Staat nun die Verantwortung für den neuen Erdenbürger übernehme.

Das Wort Konkubinat kommt aus dem Lateinischen und bedeutet: das fortgesetzte häusliche Zusammenleben in außerehelicher Geschlechtsgemeinschaft! Für eine solche Partnerschaft von Mann und Frau gibt es fast keine gesetzliche Grundlage.

b) *In der Gemeinde Jesu ist Gottes Wort die Richtschnur*

Verschiedene Abschnitte in der Bibel zeigen uns, in welcher Gemeinschaftsform der Schöpfer die intime Vereinigung von Mann und Frau will. Nicht unser Denken oder unsere Meinung ist hier maßgebend, sondern die Bibel.

1. Mose 2,24

»Darum wird ein Mann seinen Vater und seine Mutter verlassen und seinem Weibe anhangen, und sie werden sein ein Fleisch.«

Hier wird grundsätzlich gesagt:

1) Bei der biblischen Ehe geht es um *einen* Mann und *eine* Frau — also um die Einehe.

2) Zuerst werden Vater und Mutter verlassen. Der junge Mann und die junge Frau übernehmen die Verantwortung, eine neue Familie zu gründen.

3) Dann verbinden sie sich zu einer zusammengehörenden Einheit, die nicht geschieden werden soll.

4) Und erst jetzt werden Mann und Frau »ein Fleisch«; d.h. erst als für immer Zusammengebundene haben sie Geschlechtsgemeinschaft.

1. Mose 29,21

Jakob wollte seiner Braut erst beiwohnen nach ihrer Heimholung als Ehefrau.

2. Mose 22,15.16

Diese Stelle macht zwei Dinge klar:

1) Mit einem unverlobten Mädchen Beischlaf zu halten wurde klar als Entgleisung und Überredung eingestuft. Der Gesetzesübertreter mußte einen Brautpreis bezahlen und die Verführte zur Frau nehmen, sofern sie ihm der Vater gab. So oder so mußte er aber einen gewissen Betrag bezahlen, *die Tat galt als Vergehen.*
2) Die Verführung eines verlobten Mädchens oder einer verheirateten Frau wurde dagegen ganz anders bestraft. Laut 5. Mose 22,22-24 lag auf dieser Sünde die Todesstrafe durch Steinigung.

Fand jedoch ein Geschlechtsverkehr statt, der nicht in ein Verlobungs- oder Ehe-Verhältnis einbrach, *so durfte nach einer Bestrafung die Vergebung in Anspruch genommen und Hochzeit gefeiert werden.*

Ruth 4,13

Boas nahm Ruth zur Frau, und erst nachher ging er zu ihr ein.

2. Samuel 13,11-14

Das Mädchen Thamar wollte keine voreheliche sexuelle Beziehung. Sie wußte, daß das eine Schandtat war. Trotzdem wurde sie von Amnon vergewaltigt.

Matthäus 1,18.19 und 25

Bevor Joseph Maria heimholte, hatten sie keinen Geschlechtsverkehr. Maria »wußte von keinem Manne« (Luk 1,34), und Joseph »berührte sie nicht«, bis sie den vom Heiligen Geist gezeugten Retter geboren hatte. Auch dieses Brautpaar zeigt uns den biblischen Maßstab.

1. Korinther 7,9b

»Es ist besser freien, als von Begierde verzehrt zu werden.«

Diese biblische Stelle unterstreicht, daß die intime Beziehung nicht vor, sondern nach dem Heiraten gelebt werden soll. Gott will das Beste für alle, die ihn suchen (Esra 8,22b). Sein Plan für die Ehe und die Sexualität ist so genial, daß alle, die ihn befolgen, wirkliche Freude und gottgeschenkte Befriedigung erleben. Gott hat es so gewollt, daß man weder ein bißchen schwanger noch ein bißchen tot noch ein bißchen verheiratet sein kann. Es gibt hier ein Entweder / Oder, es gibt klare Linien.

Der Gegenspieler Gottes, der Feind aller derer, die Gott lieben und ihm nachfolgen, verdreht vieles, was der Herr geschaffen und geplant hat. Er kann nur mit gestohlenen Bausteinen schaffen.

Gottes Sohn hat durch seinen *Kreuzestod* der Welt Erlösung gebracht. Ist es verwunderlich festzustellen, daß über der kommunistisch-sozialistischen Revolution unseres Jahrhunderts ein Symbol steht, auf dem sich zwei Werkzeuge *kreuzen?* Und wenn man dann noch fragt, bei welcher Gelegenheit ein Schlagwerkzeug und eine Metallspitze gebraucht worden sind, so muß man unweigerlich Hammer und Sichel als Arbeiterwahrzeichen vergessen und zum Schluß kommen, daß mit jenem Jesus Christus ans Kreuz genagelt wurde und eine mörderische Spitze seine Seite durchbohrte. Statt ein friedliches Arbeiterparadies schaffen zu können, hat der kommunistische Atheismus inzwischen in vielen Teilen der Welt teuflisch versucht, die Nachfolger Jesu zu unterdrücken oder auszurotten. Nebst Christen wurden seit 1917 in atheistisch regierten Ländern weit über 100 Millionen Menschen in den Tod getrieben.

Die Hölle hat sich nicht nur eine Art eigenes Kreuz aufgerichtet, sondern propagiert auch eine gottwidrige Liebesbeziehung zwischen Mann und Frau. Im Grunde genommen ist eine »wilde Ehe« eine Karikatur dessen, was Gott will. Gottlose Kräfte heben das Verhältnis zwischen Mann und Frau nicht auf, fördern aber eine Verschiebung von biblischen Grenzlinien.

Das Ergebnis der Unterwanderung der Ehe ist erschreckend. Alarmierend sind die hohen und zunehmenden Scheidungsraten. In der Schweiz sieht das wie folgt aus:

Jahr	Heiraten	Scheidungen
1953	37 392	4 406
1983	37 645	11 700

Dagegen wird von gewissen Soziologen und einflußreichen Persönlichkeiten das Konkubinat, die Ehe ohne Trauschein, die Probeehe, wie man zu dieser Partnerschaft auch sagt, als sinnvoll angepriesen.

Manchmal hat man den Eindruck, daß viele Ehen hätten gerettet werden können, wenn nur die Vorzüge der Ehe so vehement verteidigt worden wären, wie manche Leute sich für das Konkubinat einsetzen.

Wie soll nun die Gemeinde Jesu hier helfen? Soll sie sich Organisationen anschließen, die nach wie vor für Ehe und Familie einstehen? Soll sie ständig mit Fingern auf jene zeigen, die den von ihr als richtig erkannten Weg nicht gehen?

Zuallererst wollen wir die biblische Richtschnur an uns anlegen und nicht an die Welt. Laut Hesekiel 5,5 sollte Jerusalem und Juda den Nachbarnationen ein Glaubens- und Treuevorbild sein. Leider gingen sie diesen Weg des Gehorsams nicht und wurden dadurch zu einem Gerichtsbeispiel: die Völker sollten sehen, daß

Gott heilig ist und daß seine Gerichte gerecht sind (Vers 15).

Jesus hat des öftern diejenigen, die Gottes Willen gewußt hatten, ihn aber nicht ausführten, härter zurechtgewiesen als jene, die Irregeführte waren. Der Ehebrecherin ist er mit Vergebung begegnet (Joh 8,1-11).

Bevor wir uns mit den Sünden der Welt beschäftigen, wollen wir mit uns selber ins Gericht gehen.

Es darf nicht sein, daß ein wiedergeborener Christ ein charakterlich feines Konkubinatspaar, das sich durch dick und dünn treu bleibt, verurteilt und selber in einer lieblosen Ehe lebt. Es werfe keiner, der in Gedanken periodisch eine »Neben-Ehe« führt, einen Stein gegen ein Paar, das in einer Vor-Ehe lebt.

Paulus hat den Thessalonichern nicht allein das Evangelium, *sondern auch sein Leben mitgeteilt* (1. Thess 2,8). Wie ist es wichtig, daß gerade in Fragen der Liebe, der Freundschaft und der Ehe unser Leben ein Zeugnis ist. Wir lassen uns die Meinung der Welt nicht aufzwingen. Wir wollen nach Gottes Richtlinien leben.

Als Kinder des Höchsten trennen wir uns von der Sünde und lassen uns durchs Blut Jesu reinigen. Und wie ein Daniel tun wir Buße für die Irrwege unseres Volkes (Dan 9,20).

So werden wir beim einen und andern Konkubinatspaar Zugang und Vertrauen erhalten und sie zu Jesus führen können. Dieser wird sie dann von innen heraus, vielleicht mit unserer Hilfe, dahin führen, daß sie sich entweder verheiraten oder trennen.

Von einem Menschen aber, der schon unter der Herrschaft Jesu steht, soll mehr erwartet werden können als von solchen, die keinen persönlichen Glauben haben. Im Alten Testament durften die Priester laut 3. Mose 21,7 nur Mädchen heiraten, die noch Jungfrauen waren.

Das soll doch bedeuten, daß gläubige Männer und Frauen, Menschen, die Gott dienen, einander als »Jungmann« und »Jungfrau« heiraten wollen.

Wo aber bei Sich-Liebenden die Sünde des Geschlechtsverkehrs vor der Ehe geschehen ist, darf und soll das reuig vor Gott und vielleicht in der Seelsorge bekannt werden. »Bei ihm ist viel Vergebung« (Jes 55,7b). Ein eigentliches Ehehindernis wird das aber nicht sein. Nach erfolgter Buße soll die Bereinigung erfolgen, d.h. das Eintreten in den Ehestand oder in eine reine Verlobungszeit.

2. Warum versuchen heute viele junge Paare das Zusammenleben im Konkubinat?

Was für Gründe liegen hier vor?

a) *Die Alten machen es ihnen vor*

Zum Teil begünstigen oder begünstigten unsere Gesetze ein solches Zusammenleben. Z.B. kann die Frage der Rente bei einer Witwe, die im Konkubinat lebt, günstiger aussehen, als wenn sie verheiratet wäre. Hinzu kämen noch viele andere Aspekte. Eines jedoch ist sicher: nicht nur junge Menschen, sondern auch recht viele ältere Leute leben in einer Partnerschaft ohne Ehe.

b) *Die Frage der Steuern*

Da das Einkommen für nicht verheiratete Paare für jeden Partner getrennt eingeschätzt wird, ergeben sich meistens gegenüber verheirateten Paaren finanzielle Vorteile.

c) *Die zwei Lebensprinzipien*

Entweder leben wir nach dem, *was Gott sagt* (1. Mose 2,16.17 und 1. Mose 3,1b), oder aber nach *der eigenen Lust* (1. Mose 3,6). Beim Sündenfall wurden diese zwei Lebensarten sichtbar, d.h., die zweite, also das Lustprinzip, drang danach von Generation zu Generation durch. Warum auf etwas verzichten, wozu man Lust hat und die Gelegenheit zur Befriedigung sich gerade anbietet?

d) *Die Evolutions-Theorie*

Diese Theorie sagt unserer Generation, daß sich alles entwickelt habe. Zuerst habe der Mensch in Horden gelebt. Das Männchen sei auf die Jagd gegangen, und das Weibchen hütete die Jungen. In schwangerem Zustand konnte es ja nicht gut Büffel jagen. So sei das Weibchen vom »starken Geschlecht« abhängig geworden. Irgendwann habe sich dann die Einehe und heutige Familienform entwickelt. Alles sei im Fluß. Die Entwicklung müsse weitergehen, man müsse neue Formen des Zusammenlebens finden und erproben. Das Konkubinat sei ein weiterer Schritt auf diesem Wege.

e) *Die »Pille« und die Kenntnis über Verhütungsmittel*

Die modernen Methoden zur Empfängnisverhütung schufen die Voraussetzungen zu einer kinderlosen Vorehe. Wobei die Gewöhnung an eine berufliche Tätigkeit und an ein außerhalb der Partnerschaft oft kaum Opfer forderndes Leben oder der oft jahrelange Eingriff in den Hormonhaushalt der Frau die Bereitschaft und Möglichkeit wegnehmen können, überhaupt einmal Familienmutter zu werden. Das Konkubinat droht immer mehr, »entmutterte« Frauen zu schaffen. Es hilft zumindest mit, die Gebärunlust, die Mutterschaftsverweigerung und die manchmal eintretende Unfruchtbarkeit zu fördern.

f) Die Emanzipation der Frau

Der moderne Zeitgeist propagiert das Recht auf Gleichheit, das Recht auf Glück und das Recht auf Freiheit. Die Auslegung dieser Parolen geht so weit, daß momentan in einigen europäischen Ländern zwei Drittel der Scheidungen von seiten der Frau eingereicht werden. Sie will — das wird ihr so eingetrichtert — Glück und Liebe. Dies aber bedeutet heute Sexualität, d.h. natürlich auch Geschlechtsverkehr vor der Ehe.

g) Die materielle Selbständigkeit

Auch sie hat sehr viel dazu beigetragen, daß sich die neue Lebensform so rasch verbreiten konnte. Vielleicht aber wird die Arbeitslosigkeit die weitere Entwicklung der Ehen ohne Trauschein etwas beeinträchtigen.

h) Der wirtschaftliche Faktor

Das Konkubinat eröffnet der Wirtschaft einen neuen Markt. Man braucht Wohnungen, Autos, Apparate, Bettwäsche und vieles andere. Vermutlich hat die Geschäftswelt irgendwo im Hintergrund mitgeholfen, das Konkubinat salonfähig zu machen. Ein so großes Käuferpotential darf doch nicht verlorengehen.

i) *Wir wollen doch wissen, ob wir zusammenpassen oder nicht*

Dieses Argument wird oft und ehrlich angegeben. Tatsächlich heiraten recht viele, die es zuerst mit einer Probeehe versuchten. — Trotz dieser »Versuche« sind die Ehescheidungen nicht gesunken, sondern gestiegen.

k) *Stabilisierung der Volksethik*

Es sei besser, daß man wisse, wer zu wem gehöre, als daß »freie Liebe« mit immer anderen Partnern getrieben werde. — Eine feste Beziehung scheint zweifelsohne das kleinere Übel zu sein. Wobei ehrlicherweise noch weiter gegangen werden kann. Eine feste Beziehung, die als Vor-Ehe verstanden wird und tatsächlich auch in die Ehe führt, wäre somit gegenüber einer nur vorübergehend gemeinten »wilden Ehe« (nur solange man sich liebt) noch einmal das kleinere Übel. Sünde aber ist Sünde.

Wenn wir ein gesundes Volk wollen mit gesunden Ehen, dann geht der Weg nicht über das Konkubinat. So oder so ist das Konkubinat eine unwahre Situation. Wenn jemand während der ehelosen Partnerschaft stirbt, dann war weder er Ehemann noch sie Ehefrau. Sollte ein solches Verhältnis, in dem man wirklich einmal heiraten wollte, sonstwie in Brüche gehen, so wird wohl keiner der beiden zugeben, daß jetzt mit ihrer Trennung eine Ehescheidung vollzogen wurde. Man lebte aber so, als wäre man verheiratet gewesen. Das Konkubinat ist eine Lüge und ein gesellschaftlicher Selbstbetrug.

3. Intime Bindung und Erlebnisse vor der Ehe

a) In unserer Konsum-Gesellschaft versucht man, alle Wünsche möglichst schnell zu erfüllen. Was einem plötzlich nicht mehr passen sollte, kann man ja wegwerfen. Genauso ist es doch: In unserer Gesellschaft können einmal geliebte Menschen zum »Wegwerf-Gegenstand« werden.

b) Die heutige Konkubinats-Idee will das Zusammenleben von Mann und Frau sowie den Geschlechtsverkehr so entehelichen und privatisieren, als ob das die Gesellschaft nichts anginge, wer jetzt zusammengehört und wer nicht.

Soll das heißen, daß Lust und Freiheit als Privatsache gelten sollen, Verantwortung und Folgen aus solchen Verhältnissen jedoch durch den Staat zu tragen sind? Mit größter Selbstverständlichkeit wird nämlich erwartet, daß die Öffentlichkeit eine sitzengelassene Mutter oder ein Kind aus unvollständiger Ehe versorgt.

c) Ohne Zweifel muß gesagt werden, daß das Konkubinat die Abtreibung fördert. Gegenwärtig ist ein richtiger Weltkrieg gegen das ungeborene Leben im Gange. Dieser geht natürlich nicht nur auf das Konto des Konkubinats.

d) Die Partnerschaft ohne Ehe schafft »abhängige Männer«. Als Jugendliche oder junge Erwachsene waren sie noch in der mütterlichen Obhut und gehen nun vielfach, ohne eigene Selbständigkeit entwickelt zu haben, »unter die Haube« einer sie zärtlich umsorgenden »Konkubine«. Sie waren nie »sie selber«.

e) Durch den vorehelichen Geschlechtsverkehr entsteht eine psychische und sexuelle Abhängigkeitsbindung, die es erschwert, zu erkennen, ob die beiden heiraten sollen oder nicht. Ihre objektive Entscheidungsmöglichkeit wird eingegrenzt.

f) Die Reifezeit des jungen Menschen braucht einen Schonraum, wo er nicht verfrühte sexuelle Erfahrungen macht. Um eine reife Persönlichkeit zu werden, braucht der Jugendliche eine Lebensphase der sexuellen Spannung. Frühe intime Freundschaften wirken sich hemmend auf die Entfaltung des Charakters und die seelische Reifung aus.

4. Es gibt ein vom Himmel vorgelebtes Muster

In Epheser 5,22-33 schildert die Bibel das Verhältnis zwischen Jesus Christus und seiner wiedergeborenen Gemeinde:

> 22. *Die Frauen seien untertan ihren Männern als dem Herrn.*
> 23. *Denn der Mann ist des Weibes Haupt, gleichwie auch Christus das Haupt ist der Gemeinde, die er als seinen Leib erlöst hat.*
> 24. *Aber wie nun die Gemeinde ist Christus untertan, so seien es auch die Frauen ihren Männern in allen Dingen.*
> 25. *Ihr Männer, liebet eure Frauen, gleichwie auch Christus geliebt hat die Gemeinde und hat sich selbst für sie gegeben,*
> 26. *auf daß er sie heiligte, und hat sie gereinigt durch das Wasserbad im Wort,*
> 27. *auf daß er sie sich selbst darstellte als eine Gemeinde, die herrlich sei, die nicht habe einen Flecken oder Runzel oder etwas derglei-*

chen, sondern daß sie heilig sei und unsträf-
lich.

28. So sollen auch die Männer ihre Frauen lieben
    wie ihren eigenen Leib. Wer seine Frau liebt,
    der liebt sich selbst.
29. Denn niemand hat jemals sein eigen Fleisch
    gehaßt; sondern er nährt es und pflegt es,
    gleichwie auch Christus die Gemeinde.
30. Denn wir sind Glieder seines Leibes.
31. »Um deswillen wird ein Mensch verlassen Va-
    ter und Mutter und seinem Weibe anhangen,
    und werden die zwei ein Fleisch sein« (1. Mo-
    se 2,24).
32. Dieses Geheimnis ist groß; ich rede aber von
    Christus und der Gemeinde.
33. Darum auch ihr, ein jeglicher habe lieb seine
    Frau wie sich selbst; die Frau aber fürchte den
    Mann.

Dieser Abschnitt sagt, daß wir im Zusammenleben von
Mann und Frau die Beziehung von Jesus zu den Seinen
als Modell nehmen sollen.

Christus hat seine Gemeinde erlöst (Vers 23), und diese ist ihm untertan (Vers 24). Es kam also irgendwann zu
dieser herrlichen Verbindung. Es ist ein wirkliches Liebesverhältnis (Vers 25).

Im Blick auf Epheser 5 werden alle Bedenken und
Zweifel der Nachfolger Jesu wegen des Konkubinats mit
folgender Kardinalfrage beigelegt und beantwortet:

Hat Jesus irgendeinmal jemanden nur probeweise angenommen?

Die Antwort ist klar: Nein! Jesus geht keine Probever-
hältnisse ein. Entweder sind wir bekehrt und durch Gottes Gnade ein Kind Gottes, oder wir sind noch verlorene Sünder.

Somit ist die biblische Antwort auf Probeehen vielleicht noch klarer ausgefallen, als wir das bis jetzt angenommen haben. Liebe auf Probe ist eben keine Liebe.

VII. Ratschläge an ein Brautpaar in Form einer Hochzeitspredigt

Liebe Lucie und lieber Bernhard, liebes Brautpaar!

Ihr steht jetzt vor dem Traualtar, d.h. vor Gott, unserem Herrn, und der hier anwesenden Gemeinde.

Gott hat die Ehe eingesetzt. Es entspricht seinem Plan, daß Mann und Frau nur in verheiratetem und unkündbarem Zustand als Paar zusammenleben. Weil Ihr diese göttliche Ordnung anerkennt, wollt Ihr miteinander in den Ehestand treten. Ihr bekennt damit, daß Ihr Euch Gott unterordnet und daß Ihr überzeugt seid, daß Ihr zusammengehört.

In Kolosser 3,17-19 steht:

> »Und alles, was ihr tut mit Worten oder mit Werken, das tut alles im Namen des Herrn Jesus und danket Gott, dem Vater, durch ihn. Ihr Frauen, seid untertan euren Männern, wie sich's gebührt in dem Herrn. Ihr Männer, liebet eure Frauen und seid nicht bitter gegen sie.«

Für Euer gegenseitiges Eheversprechen dürft Ihr Euch jetzt die Hände reichen. So könnt Ihr auf meine Traufrage einander gleichzeitig und laut vor Gott und den als Zeugen anwesenden Gästen das Ja-Wort geben:

> Seid Ihr bereit, einander mit Gottes Hilfe Ehemann und Ehefrau zu sein nach seinen in der Bibel verankerten Ordnungen, daß Ihr einander liebt, tröstet, ehrt und helft in gesunden wie in kranken

Tagen, daß Ihr einander anspornt in der Nachfolge Jesu Christi und daß Ihr Euch, gestützt auf seine Erlösung, treu bleibt, bis Euch der Tod scheidet?

»Ja.«

Der Herr segne Euch nach seiner Verheißung in Psalm 1,1-3:

>»Wohl dem, der nicht wandelt im Rat der Gottlosen noch tritt auf den Weg der Sünder noch sitzt, wo die Spötter sitzen, sondern hat Lust am Gesetz des Herrn und sinnt über seinem Gesetz Tag und Nacht! Der ist wie ein Baum, gepflanzt an den Wasserbächen, der seine Frucht bringt zu seiner Zeit, und seine Blätter verwelken nicht. Und was er macht, das gerät wohl.«

Liebes Hochzeitspaar, das Einander-Ja-Sagen vor dem Traualtar ist für Euch eine der wichtigsten Lebensstunden. Mit Euch zusammen dürfen Eure Eltern, Familien, Gemeinden und Gäste um den *Segen Gottes* für Eure heißersehnte Ehe bitten, die nun endlich begonnen hat. Es ist uns allen klar, daß eine Ehe ohne Gottes Segen, Hilfe und Bewahrung eine schwierige Sache ist. Deshalb ist uns die Gebetsgemeinschaft hier im Gotteshause ein heiliger Moment.

Dann geht es aber noch um etwas anderes: Es geht um Euer *»Ja«.* Dieses inhaltsreiche Wort hat für Gott, für Euch und die Öffentlichkeit folgende dreifache Bedeutung:

Es ist ein gegenseitiges »Ja«.

Vor der versammelten Gemeinde hat das eine dem anderen vertrauend das Ehegelöbnis gegeben. Ihr seid demnach bereit, einander mit Gottes Hilfe Ehemann und Ehefrau zu sein, bis Euch der Tod scheidet.

Dieses bindende Versprechen wurde hier durch Euch vor Zeugen abgelegt. Es hat bis ans Lebensende eines Partners Gültigkeit.

- Es ist ein öffentliches »Ja«

Durch die ganze Bibel hindurch finden wir, daß der Ehebeginn mit einer diesbezüglichen Stellungnahme der Öffentlichkeit gegenüber beginnt. Euer »Ja« ist eine Mitteilung an die Gemeinde und Gesellschaft. Alle dürfen und sollen es wissen: Ihr zwei gehört nun zusammen! Drittpersonen können keine Ansprüche mehr stellen oder Hoffnungen hegen. Gott will, daß es klar ist, wer zusammengehört und wer nicht. Und das Zusammengefügtsein beginnt mit dem Tag der Eheschließung.

- Es ist ein »Ja« zu Gottes Plan

Die Ehe ist weder ein geschichtliches Zufallsprodukt noch eine menschliche Erfindung. Gott hat Mann und Frau geschaffen. Gott hat die Ehe gestiftet. Er hat *die Einehe* gewollt und will sie auch heute noch. Ihr sagt heute »Ja« zu etwas, das Gottes Plan entspricht. Da freut sich der Himmel, da segnet Gott. Zu Eurem Jawort gesellt sich jenes unseres Herrn und Gottes.

Als *Trautext* wurde von Euch der Abschnitt Philipper 2,1-11 gewünscht:

1. *Ist nun bei euch Ermahnung in Christus, ist Trost der Liebe, ist Gemeinschaft des Geistes, ist herzliche Liebe und Barmherzigkeit,*

2. *so machet meine Freude völlig und seid eines Sinnes, habt gleiche Liebe, seid einmütig und einhellig.*

3. *Tut nichts aus Zank oder um eitler Ehre willen, sondern in Demut achte einer den andern höher als sich selbst;*

4. *und ein jeglicher sehe nicht auf das Seine, sondern auch auf das, was des andern ist.*

5. *Ein jeglicher sei gesinnt, wie Jesus Christus auch war:*

6. *welcher, ob er wohl in göttlicher Gestalt war, nahm er's nicht als einen Raub, Gott gleich zu sein,*

7. *sondern entäußerte sich selbst und nahm Knechtsgestalt an, ward gleich wie ein andrer Mensch und an Gebärden als ein Mensch erfunden.*

8. *Er erniedrigte sich selbst und ward gehorsam bis zum Tode, ja zum Tode am Kreuz.*

9. *Darum hat ihn auch Gott erhöht und hat ihm den Namen gegeben, der über alle Namen ist,*

10. *daß in dem Namen Jesu sich beugen sollen aller derer Knie, die im Himmel und auf Erden und unter der Erde sind,*

11. *und alle Zungen bekennen sollen, daß Jesus Christus der Herr sei, zur Ehre Gottes, des Vaters.*

Damit der Inhalt dieser wichtigen biblischen Botschaft klar in Eure Ehe und Lage hineinleuchten kann, habe ich ihn in vier Teile gegliedert. Die jeweiligen Überschriften habe ich prosaisch wie folgt festgesetzt:

- Voraussetzung zur Gemeinschaft;

- Umsetzung in die Ehe;

- Einsetzung in den Dienst und

- Zielsetzung ist Vollendung!

1. Voraussetzung zur Gemeinschaft

Der gelesene Abschnitt redet unter anderem vom Zusammenleben in einer gläubigen Gemeinde. Paulus beschreibt hier, geführt durch den Heiligen Geist, die Grundlinien der »evangelischen Ethik«. *Bevor ein Kind Gottes etwas leisten und tun muß, ist das gnädige Empfangen da.*

Paulus setzt voraus, daß die Philipper Besitzer und Habende von himmlischen Geschenken waren, die es ihnen ermöglichten, in einer Einheit zu leben.

In Vers 1 zählt er in einer Art Frageform die einem Christen zur Verfügung stehenden Voraussetzungen für ein Leben in Gemeinschaft auf.

>»Ist nun bei euch
> - Ermahnung in Christus,
> - ist Trost der Liebe,
> - ist Gemeinschaft des Geistes,
> - ist herzliche Liebe und Barmherzigkeit!«

Um entschlossen und gottgewollt in Einheit leben zu können, muß sich der einzelne über das Empfangene bewußt sein.

Das hier *als erstes angeführte Geschenk* ist *»Ermahnung in Christus«!* Dieser Ausdruck bedeutet, daß wir vom Herrn her einen klaren Zuspruch haben, der ermunternd, mahnend, wegweisend, aufrichtend oder tröstend sein kann. Das Fundament unserer Lehre und unseres Glaubens sind die Worte und das Leben des Herrn Jesus.

>»Einen andern Grund kann niemand legen außer dem, der gelegt ist, welcher ist Jesus Christus« (1. Kor 3,11).

Und dieser Jesus, Gottes Sohn, hat über die wichtigsten Themen des Lebens das gesagt, was wir wissen müssen.

Gerade deshalb haben wir in Kolosser 3,16 die Ermunterung:

> »Lasset *das Wort Christi* reichlich wohnen in euch: Lehret und *vermahnet* euch selbst in aller Weisheit mit Psalmen und Lobgesängen und geistlichen Liedern und singet Gott dankbar in euren Herzen.«

Dieser Vers beleuchtet in ganz besonderer Weise die Bedeutung der Ausdrücke *»Ermahnung in Christus«* oder *»das Wort Christi«*. Sie werden hier praktisch gleichgestellt mit dem Worte Gottes. Das soll für Euch eine Ermunterung sein, die Bibel regelmäßig zu lesen und zu Euch reden zu lassen.

In Matthäus 19,5 zitierte Jesus die Schöpfungsordnung Gottes:

> »Darum wird ein Mensch Vater und Mutter verlassen und an seinem Weibe hangen, und werden die zwei ein Fleisch sein!«

In Vers 6 untermauerte er dieses Gebot wie folgt:

> »So sind sie nun nicht mehr zwei, sondern ein Fleisch. Was nun Gott zusammengefügt hat, das soll der Mensch nicht scheiden.«

Durch diese »Ermahnung in Christus« erklärt der Herr selbst die von Gott gewollte Eheordnung.

Der bekannte Schriftsteller J. W. Stott hat einmal anhand der Bibel *die göttlichen Prinzipien* für die Ehe in sieben Punkten kurz zusammengefaßt:

a) Die Ehe ist von Gott und ist gut!

b) Dauernder lediger Stand ist die Ausnahme und nicht die Regel!

c) Der größte und vornehmste Zweck der Ehe ist Gemeinschaft, und danach soll man bei der Wahl des Ehepartners trachten!

d) Die Ehe beruht auf einer gegenseitigen und bedingungslosen Verpflichtung zweier Persönlichkeiten, eines Mannes und einer Frau!

e) Ein Christ hat nur Freiheit, einen Christen zu heiraten!

f) In diesem Rahmen oder Zusammenhang soll nach Gottes Vorkehrung die körperliche (sexuelle) Liebe und Erfahrung gepflegt werden!

g) Von großer Wichtigkeit ist ein gemeinsames christozentrisches Ziel für das gemeinsame Leben!

Das ist eine klare Linie. Wer den Weg anderswo oder anderswie sucht, bekommt Schwierigkeiten, Probleme, Not, Durcheinander, Konflikte und Schuld. Wie dankbar bin ich aber, sagen zu können, daß für bußfertige Menschen für falsch gegangene Wege, auch auf dem Gebiet der Ehe, Vergebung möglich ist. *Aber nur unter dem Kreuz.* Ohne Bereuen, Bekennen und Neuanfang nützen alle Tränen nichts. Wer aber ehrlich bei Jesus Christus Zuflucht sucht, dem *wird* vergeben.

Gott wollte die *Einehe!* Er »hat Mann *und* Frau geschaffen!« Ich möchte das »und« betonen. Gott schuf z.B. »Himmel *und* Erde«. Da wird nicht das eine gegen das andere ausgespielt! So ist es auch bei Mann *und* Frau! Die Frau ist nicht und nie eine zweitrangige Person in der Bibel. Diese Tatsache, daß sich in der Ehe *zwei gleichwertige Persönlichkeiten* treffen, ist in der Bibel klar vorgegeben.

Beides sind Geschöpfe Gottes, keines hat das Recht, das andere mit Füßen zu treten oder herumzukommandieren. Ehe bedeutet Gemeinschaft, Kommunikation!

Heute sagt man, die Ehe sei ein Gefängnis, da werde man vom andern eingesperrt. Was sagt die Bibel dazu?

> Der Mann wird »an seinem Weibe hangen!« Louis
> Second übersetzt das so: Er wird sich »an seine
> Frau binden«.

Eine Ziege bindet man an einen Pflock an. Dann ist sie eine angebundene und geht im Kreis herum. Denn sie frißt mit gestrecktem Hals am liebsten dort, wo sie nicht sollte. Und das Gras, das sie fressen sollte, zertrampelt sie. Viele meinen, die Ehe sei so eine fesselnde Schlinge.

Was haben wir gelesen? Wer bindet den Mann an: die Ehe, die Frau? Nein, »er wird sich an seine Frau binden«!

Der Mann bindet sich freiwillig, aus eigener Entscheidung, an seine Frau. Das führt uns nun zu zwei Überlegungen:

- Das Gras, das ihm zur Verfügung steht, zertrampelt er sich nicht selber, er trägt Sorge dazu. Er pflegt sein »Ehe-Gehege«, und so wird er nie und nimmer zu kurz kommen.
- Da, wo er sich angebunden hat, ist sein Gehege! Da hat niemand anderes Zugang, um zu weiden. Er hat sich eben an einen Ort angebunden, wo sonst niemand angebunden ist.

So, und nur so wird diese Ehe nicht zum Druck, zum Gefängnis, zum Muß!

Wenn wir uns gerne und freiwillig unter Gottes Eheordnung stellen, wird gerade diese Ordnung uns zu einem Ort der Entfaltung und Freude. Noch einmal: Der Mann bindet nicht die Frau an, sondern sich selber. Ganz einfach gesagt, heißt das:

Er liebt die Frau und tut alles, daß sie bei ihm glücklich ist!

Sobald er denkt, sie liebt mich nicht mehr, sie macht mich nicht mehr glücklich, läuft grundsätzlich etwas schief. Es steht nirgends in der Bibel: Männer, laßt euch lieben! Nein, es steht: »Ihr Männer, liebet eure Frauen« (Eph 5,25a).

Und da, wo wir uns an Gottes Richtschnur anbinden, entsteht Harmonie und Gelingen.

Im weiteren sehen wir im erwähnten Herrenwort, *daß die Aufgaben von Mann und Frau nicht die gleichen sind.* Gott will verschiedene Rollen haben und hat das in die Art der Geschlechter gelegt. Die heutige Gleichmacherei betreibt man mit fest geschlossenen Augen. Man will bewußt die Realität nicht sehen.

Die Bibel erwartet vom Mann, daß er die Hauptverantwortung für seine Ehe und Familie trägt. Nicht als Diktator, sondern als einer, der Geborgenheit schafft und Opfer bringt.

Auf der andern Seite läßt sich die Frau nicht von ihren Aufgaben ersticken. Sie muß sich weder vor »Windeln, Waschtag, Weibergehorsam« noch vor »Küche, Kindern, Kirche« fürchten. Wo sie das Frau- und Muttersein bejaht, weiß sie sich in den Wegen des Herrn, und dieser wird ihr immer wieder Frauenfreuden und Mutterglück schenken. Dieses Bejahen hat eine Frau wie folgt formuliert:

> »Ich arbeite in der wichtigsten Werkstatt des Atomzeitalters, wo die Zukunft gestaltet wird und die Gegenwart ihren Gehalt bekommt: Ich bin Hausfrau und Mutter von drei Kindern!«

Als *zweite Voraussetzung zur Gemeinschaft* beschreibt Philipper 2,1 den »Trost der Liebe«. Wer durch Jesu Liebe gerettet worden ist, der wurde getröstet. Jesaja 38,17 beschreibt eine solche Situation:

> »Siehe, um Trost war mir sehr bange. Du aber hast dich meiner Seele herzlich angenommen, daß sie nicht verdürbe; denn du wirfst alle meine Sünden hinter dich zurück.«

Mit Freuden darf ich wissen, daß Ihr beide diesen »Trost der Liebe« erfahren konntet. Ihr seid bekehrt und wiedergeboren. Dafür sind wir dem Herrn von Herzen dankbar.

Jetzt aber dürft Ihr als solche, die Vergebung erhalten haben, in ständiger und gegenseitiger Vergebungsbereitschaft leben. Wer nicht vergeben kann, sollte nicht heiraten. Dr. Th. Probst hat die Ehe in einem unserer diesbezüglichen Seminare wie folgt definiert:

>»Ehe bedeutet, daß zwei Sünder unter dem gleichen Dache wohnen!«

Auch wenn Ihr errettete und erlöste Sünder seid, so muß doch mit der Möglichkeit der Sünde gerechnet werden. Ringt immer wieder darum, daß dieser eine Aspekt vom »Trost der Liebe«, das heißt die vergebende Liebe, stets ein fester Bestandteil Eurer Ehegemeinschaft ist.

»Gemeinschaft des Geistes« ist der *dritte Punkt,* der bei einer Einheit wichtig ist. Nebst dem Anteilhaben an *Gottes Wort* und an der *Vergebung* dürft Ihr bezeugen, daß der *Heilige Geist* in Euch wohnt. Und dieser Geist gibt Zeugnis Eurem Geist, daß Ihr Gottes Kinder seid (Röm 8,16). Eure Triebfedern sind nicht die eigenen Persönlichkeiten, sondern die Führung und das Wirken des Heiligen Geistes. Das Wort Ehe besteht aus drei Buchstaben. Die zwei »E« können »Er« und »Es« bedeuten, das heißt: ein männliches und ein weibliches Wesen der Gattung Mensch. In der Wortmitte ist der Buchstabe »H«, dem wir die Bedeutung »Herr« geben können. Eine gläubige Ehe, in der klar ist, wes Geistes Kinder wir sind, hat das beste Startkapital, das es gibt, zur Verfügung.

Die *vierte und letztgenannte Gemeinschafts-Voraussetzung* ist die geschenkte herzliche *»Liebe und Barmherzigkeit«.* Wer von Gott geboren ist, der durfte erleben, daß durch den heiligen Geist die Liebe Gottes in sein Herz ausgegossen worden ist (Röm 5,5). Im Menschen liegt die Tendenz, nur dort zu lieben, wo er für seine Liebe etwas zurückbekommt. »Herzliche Liebe« aber geht aufs Ganze. Sie geht das Risiko ein, auch dann zu lieben, wenn kein Echo zu erwarten ist. Sie liebt nicht aus Egoismus, sondern sie gibt. Sie heiratet, nicht in erster Linie um sich selber, sondern den Partner glücklich zu machen. Diese Grundhaltung entspringt aber nicht unserem menschlichen Herzen. Sie ist ein Geschenk Gottes. Diese Liebe »muß« nicht lieben, sie »kann« es. Sie muß aber erbeten sein, sie muß lieben wollen, sie darf nicht blockiert werden.

Durch Christus haben die Gläubigen die Voraussetzungen zur Gemeinschaft und Einheit empfangen. Damit wurde nicht nur die Gemeinde geadelt und ausgerüstet, nein, dieses Vermögen kann in jeder Zelle beansprucht werden, wo man im Namen Jesu zusammenkommt oder -lebt. Wegen dieser Tatsache ist ein Ehebeginn mit Gottes Ja und Segen eines der hoffnungsvollsten Unternehmen. Man kann von verschiedenen Gütern leben.

2. Umsetzung in die Ehe

Das Empfangene soll nun gebraucht werden. Willentlich und entschlossen wollen wir unser Tun, unser Handeln und unsere Leistungen von den Gaben her beeinflussen lassen. Das Geschenk ist nicht in einem Glasschrank aufzubewahren, sondern in die Tat umzusetzen.

In Philipper 2,2-7 teilt uns die Bibel mit, wie wir nun die erhaltenen Gemeinschaftsvoraussetzungen im Alltag in den zwischenmenschlichen Beziehungen, das heißt auch in der Ehe, ins praktische Leben umsetzen können. Im erwähnten Abschnitt kann sich das Brautpaar vier wichtige Verhaltensnormen für die Ehe merken:

- richtiges Denken (Verse 2 und 5);
- richtiges Einschätzen des andern (Vers 3);
- richtiges Schauen (Vers 4) und
- richtiges Sich-Geben (Vers 7)!

Zuerst geht es ums *»richtige Denken«*. Wenn beide so denken, wie Jesus Christus gedacht hat, als er für die Sünder starb, dann wird es nie eine Entzweiung geben, dann werdet Ihr immer zusammenhalten und -bleiben. Jesus war opferbereit. Zugunsten von uns Menschen verließ er seinen Thron der Herrlichkeit, um uns zu retten. Er wollte das Beste für uns. Das war seine Gesinnung.

Es ist wichtig, wie Ihr denkt. Wenn Schwierigkeiten kommen, dann wagt zu denken und zu sagen: Keine Not kann uns trennen, gemeinsam werden wir auch diese Hürde nehmen.

Denkt darüber nach, was das bedeutet: so gesinnt sein, wie Jesus Christus auch war (Phil 2,5).

Unter *Punkt zwei* kommt *»das richtige Einschätzen des andern«*. Philipper 2,3b formuliert das so:

> »In Demut achte einer den andern höher als sich selbst.«

Allzuschnell äußert sich manchmal der Mann, indem er sagt, die Frau sei seine Gehilfin! Es stimmt, daß Gott irgend etwas in dieser Richtung sagte. Wir lesen es in 1. Mose 2,18:

> *»Es ist nicht gut, daß der Mensch allein sei, ich will ihm eine Gehilfin machen.«*

Wem hat das Gott gesagt? Auf alle Fälle nicht dem Adam. Dieser war irgendwo hinter einem Busch — er sollte das gar nicht zu Ohren bekommen. Gott drückte sich so aus:

»Ich will *ihm* eine Gehilfin machen!«
Um dies zu tun, ließ der Herr Adam einschlafen und
machte aus einer seiner Rippen die Frau. Als nun Gott
dem Adam die Eva brachte, da rief dieser nicht aus:

> Jetzt endlich habe ich eine Magd, die mir von früh
> bis spät dienen kann!

Nein, er sagte überhaupt nichts von Gehilfin, sondern:

> »Das ist doch Fleisch von meinem Fleisch« (1.
> Mose 2,23).

Mit andern Worten: Das ist mein Gegenüber, ohne das
ich selber nicht komplett bin. Das ist ein Teil von mir. Im
Volksmund sagt man: »Das ist meine bessere Hälfte«.
Zu diesem Teil seiner selbst soll der Mann Sorge tragen.
Kolosser 3,19 gibt den Auftrag dazu:

> »Ihr Männer, *liebet* eure Frauen und seid nicht
> bitter gegen sie.«

In Epheser 5,33 beschreibt Paulus, wie die Männer die
Frauen lieben sollen:

> *»Ein jeglicher habe lieb seine Frau wie sich selbst.«*

Das stellt Bernhard und uns Ehemänner in eine große
Verantwortung. Hier werden die Rollen richtig verteilt:

a) *Wenn die Ehefrau ein Teil des Ehemannes ist, dann
ist sie nicht minderwertiger als er!*

In der Bibel hat die Frau den genau gleichen Wert wie
der Mann. Galater 3,28b: »Hier ist nicht Mann noch
Weib!«

Die Stellung aber in der Führungs- und Verantwor-
tungsfrage liegt in der Ehe, der Familie, der Gemeinde
und der Gesellschaft auf verschiedenen Ebenen.

Mann und Frau sind gleichwertig, aber andersartig.

b) *Wenn die Ehefrau ein gleichwertiger Teil des Ehemannes ist, dann ist er verpflichtet, diesen Teil genauso
zu lieben, zu pflegen und zu versorgen wie sich selber.*

Das ist aber nur zu erreichen mit dem Aufgeben von eigenen, auf sich selbst bezogenen Wünschen. Diese Liebe bedeutet dem Mann *Selbstaufgabe.* Sobald der Mann dies nicht mehr tut, nimmt er die Verpflichtung und die Verantwortung der Frau gegenüber nicht mehr wahr. Die Bibel sagt sogar, daß er in diesem Moment sich selber hasse (Eph 5,29).

Nun möchte ich dem Bräutigam den Rat geben, auf seiner Bettseite ein Bild von seiner Braut aufzuhängen mit dem Titel:

> *Lucie, meine bessere Hälfte, ich will Dich lieben wie mich selbst!*

Die Heilige Schrift zeigt aber auch der Frau, wie sie sich verhalten soll. In Kolosser 3,18 steht:

> »Ihr Frauen, seid untertan euren Männern, wie sich's gebührt in dem Herrn.«

Liebe Lucie, die Bibel sagt, daß der Mann das Haupt der Frau sei (Eph 5,23). Bernhard will diese Verantwortung übernehmen. Aber er hat ein Problem: die Verantwortung droht ihn zu erdrücken. Deshalb ruft er: Hilfe! Er braucht dazu eigentlich eine Gehilfin. Jetzt ist es aber so, daß er gar nicht wissen sollte, daß seine Frau seine Gehilfin ist.

Wie kommen wir hier nun weiter? Eigentlich ganz einfach: *Die Frau unterordnet sich freiwillig.*

Unser Leben hat nur dann Erfüllung, wenn wir es verlieren. Wir müssen uns verlieren, uns aufgeben, um uns zu finden. Wenn die Frau sich selbst stirbt und sich unter den Mann stellt, findet sie in Wahrheit sich selbst. Auf seinen Rechten zu bestehen bedeutet letzten Endes, sie zu verlieren.

Das ist für Mann und Frau gültig. In der Ehe zeigt sich das wie folgt:

- Die Frau lernt in der *Unterordnung* gegenüber ihrem Mann, sich selbst zu sterben, und sie wird als Gehilfin ein erfülltes Leben finden.
- Als Gegenstück dazu steht die *Selbstaufgabe* des Mannes, der sich für seine Frau hingibt.

Jetzt darf natürlich auch die Braut auf ihrer Bettseite ein Bild von ihrem Bräutigam aufhängen. Die Betitelung betrifft nicht den Ehemann, sondern die Gemahlin, und ist wie folgt zu formulieren:

> *Bernhard, mein lieber Mann, ich darf Deine Gehilfin sein!*

Unter *drittens* begegnen wir dem »*richtigen Schauen*«! Liebes Brautpaar, geht mit offenen Augen durch Euren Ehealltag. Betet darum, daß Ihr seht, wenn dem Partner etwas fehlt. Dies ist aber nur möglich, wenn Ihr in ständiger Kommunikation lebt. Erzählt einander Eure Erlebnisse. Lebt so, daß jedes dem andern in die Karten sehen darf. Wobei »richtiges Schauen« bereit ist, auch einmal etwas zu übersehen. »Richtiges Schauen« schaut nicht in ein vorläufig gehütetes Geheimnis hinein.

Schaut euch in die Augen — lernt die Liebessprache des Blickkontaktes. Die Augen ermöglichen es uns, dem andern Liebe ins Herz hineinzusehen.

Philipper 2,4 ist sehr inhaltsreich:

> »Ein jeglicher sehe nicht auf das Seine, sondern auch auf das, was des andern ist!«

Beim letzten und *vierten Punkt* geht es um »*das richtige Sich-Geben*«! Ein größeres Vorbild als Jesus gibt es da nicht. Er gab sein Leben (Phil 2,8). In einer Ehe sollte man sich merken:

In allen Bereichen, wo es etwas zu geben gibt, »darf« der Mann 75% geben in der Hoffnung, die Frau steuere auch 25% bei. Der Mann braucht diesen Verteiler überall dort, wo es etwas zu geben gibt. Sei das nun Liebe,

Vergebung, Anerkennung, Hilfeleistung oder sonst etwas. Er ist nicht der Fordernde, sondern der Gebende.

Da aber die Frau mindestens soviel zu einer guten Ehe beitragen will, ist sie bereit, genauso zu handeln wie ihr Mann. Schließlich ergibt das eine 150prozentige Ehe!

3. Einsetzung in den Dienst

Lieber Bernhard und liebe Lucie: Die Verse zehn und elf des Trautextes betreffen Euch ganz besonders.

Ihr dürft und könnt *beten.* Ihr wißt um das Vorrecht, die Knie betend vor unserem Herrn zu beugen. Er weiß um Eure Bedürfnisse. Er erhört Gebete. Euer Beten sei nicht nur Bitten, sondern auch Danken. Euer Beten sei nicht nur ein Darbringen von eigenen Belangen, sondern auch Fürbitte für andere. Nehmt Euch Zeit dafür.

Im weiteren geht es um das *Bekennen* des Namens Jesu. So Gott will, geht Euer Weg in die Mission nach Österreich. Der Herr segne Euer Zeugnis, damit durch Euren Dienst sich Menschen zu Jesus Christus bekehren.

4. Zielsetzung ist Vollendung

Jesus ging den Gehorsamsweg, der ihm vom himmlischen Vater her vorgezeichnet war:

>»Er entäußerte sich selbst und nahm Knechtsgestalt an, ward gleich wie ein anderer Mensch« (Phil 2,7a).

Am Ende seines Erdenlebens ließ sich der Sohn Gottes ans Kreuz nageln. An unserer Stelle. Nicht er, sondern wir hätten das verdient.

Immer war er Gott gehorsam. Er lebte jeden Tag und Augenblick nach seines Vaters Willen. Sein Handeln entsprach sein ganzes Leben lang Gottes Plan. Es ging um unsere Erlösung, und sie ist Tatsache geworden.

>*Darum hat ihn auch Gott erhöht und hat ihm den Namen gegeben, der über alle Namen ist*< (Phil 2,9)!

Das nach Gott ausgerichtete Leben Jesu hat sich vollkommen gelohnt. Nur er hat diesen Namen, der über alle Namen ist.

Liebes Brautpaar, *es lohnt sich,* eine Ehe nach Gottes Plan zu führen. Als Brautvater kann ich Euch mit Eurer Brautmutter versichern, daß unsere nun fast fünfundzwanzigjährige Ehe heute so reichen Inhalt hat, wie wir uns das beim Eheversprechen nie hätten träumen lassen. *Es hat sich immer gelohnt,* unsere Ehe zu pflegen und zur Ausreifung und Vollendung in Gottes segnende Hände zu legen!

Amen!

Nachwort

Siehe Vorwort — jetzt sind meine Frau und ich bereits in einem Alter, wo doch recht viele Lebenserfahrungen hinter uns liegen. Gerade aber diese haben das vorliegende Taschenbuch hervorgebracht. Es beginnt weder mit einem ausführlichen Vorwort, noch wurde es am Schreibtisch geboren. Sein Inhalt kommt von der Praxis her. Vieles mußte und durfte zuerst durchgelebt, durchgebetet, durchgefreut und durchgelitten werden. Inzwischen sind unsere Kinder, denen ja diese Kapitel gewidmet sind und die unserem Dasein außerordentlich viel Lebenswertes schenkten, flügge geworden. Wir, unsererseits, haben viel an Energie, »Gewußt-wie« und eigensinnigem Willen verloren. Dagegen wissen wir, was persönliches Versagen, aber auch was Gnade, Glaube und Vergeben bewirkt. —

In jüngeren Jahren kannten wir eigentlich nur den Brückenkopf des eigenen Lebens. Heute ist uns aber jener von Teenagern und Jugendlichen mehr als nur Niemandsland. Wir durften erleben, daß Spannungsfelder zwischen alt und jung überbrückbar sind. Hunderte von jungen Menschen durften wir bei Lagern und Einsätzen betreuen. Ihr, aber auch unser Leben wurde dabei wunderbar bereichert. Viele persönliche und seelsorgerliche Gespräche fanden statt. Wobei die größte Freude dann war, wenn sich wieder jemand zu Jesus Christus bekehrte. Regelmäßig haben uns Mütter und Väter mit Tränen in den Augen gedankt für das, was der Herr während solcher Freizeiten an ihren Kindern gewirkt hat. Und immer wieder suchten auch Eltern Hilfe und Beratung, um zu erfahren, wie Spannungsfelder zwischen alt und jung überbrückt werden können. —

Auch in unserer Familie hat es mühsame Spannungsfelder gegeben. Wir durften aber erleben, daß bei Kindern wie Eltern die Gnade größer ist als die Schuld. Gerade weil wir das erlebt haben, durften wir im Nachhinein der jüngeren und älteren Generation in Konfliktsituationen helfend beistehen. Es lohnt sich, in der Beziehung der Generationen einander gegenseitig voranzugehen, entgegenzugehen und beizustehen. Die Bibel ist uns dabei Wegweiser und Licht. —

Das Taschenbuch betrifft beide Brückenköpfe, es wendet sich an alt und jung. Denn nach wie vor gilt folgendes:

> Alt und jung
> gibt Schwung,
> jung und alt
> gibt Halt.

Wie dankbar sind wir, daß uns in unserer Kindheit die eigenen Eltern vorangegangen sind. Ihr Vorbild prägte uns so, daß auch wir den Weg in frohen wie in dunklen Stunden gefunden haben. Das ist mit ein Grund, warum dieses Buch zum Vorbildsein von Erziehern und Jugendlichen aufruft.

Der Verfasser

Quellennachweis

Die Bibel (nach Martin Luther), Rev. Ausgabe: NT 1956,
AT 1964; Wiener Ausgabe

D. Ross Campbell, Kinder sind wie ein Spiegel;
Francke, Marburg

F. Leboyer, Sanfte Hände; Kösel, München

Alfred Stückelberger, Verschiedene Schriften;
TELOS-Bücher

Reinhold Ruthe, Frl. Tochter und Herr Sohn;
Aussaat, Wuppertal

J. J. Toews, Glückliche Familie; Memra, Neuwied

J. Ziegler, Meines Sohnes Ja — aber (vergriffen);
F. Reinhardt, Basel

F. Godet, Notes sur le livre du Cantique des Can-
tiques; Ligue pour la lecture de la Bible, Lausanne

U. Kaiser und U. Schröder, Olympische Sommer-Spiele
1976 Montreal; Schweizer Illustrierte

Miriam Eisner und Volkhard Scheunpflug, Journal Nr. 2,
1985; Schweizer Volksbank

Walter Köhler, Intim vor der Ehe?; Brunnen Verlag

Christa Meves, Jugend und Ehe; R. Brockhaus Verlag

Tim und Beverly LaHaye
Gott macht deine Familie reich und froh
TELOS-Paperback Nr. 1224, 208 Seiten
Gott schuf die Familie — als einen Platz, wo der Einzelne all das findet, was u. a. das Wort „Nestwärme" beinhaltet. Wenn heute die biblischen Werte und Ordnungen der Familie in Frage gestellt werden, so droht uns ein großer Verlust.

Als Tim und Beverly LaHaye die Freude entdeckten, die ein Leben ganz unter Gott, durchwirkt und erfüllt vom Heiligen Geist, schenkt, wurde auch ihr zu diesem Zeitpunkt mittelmäßiges Familienleben völlig verwandelt. An dieser Erfahrung möchten die Autoren in der ihnen eigenen praktischen Art und Weise teilhaben lassen. Entdecken Sie für sich selbst, wie Probleme und Zwänge in Ehe und Familie überwunden werden können durch ein Leben unter Gottes Führung und unter seinem Wort. Dieses Buch will helfen, daß Verständnis füreinander, Geduld, Liebe und Freiheit in den Familien wachsen.

Norman Wright
Tips für Eltern
Kindererziehung heute
TELOS-Wege zum Leben Nr. 2514, 64 Seiten
Der Autor gibt viele praktische Hinweise, Hilfen und Tips und geht u. a. folgenden Fragen nach:
Welche Methoden sind in der Kindererziehung wirkungsvoll? — Ist Strafe notwendig, wie sollte sie aussehen? — Wie klappt es am besten mit Verständigung und Austausch? — Wie findet man zu einem guten Vertrauensverhältnis zwischen Eltern und Kindern? — Wieviel Disziplin ist in der Familie möglich und notwendig? Die Ausführungen des Autors nehmen immer wieder auf Prinzipien in der Bibel Bezug.